U0122173

捕捉
股票拐点

打造稳健投资体系

安福双◎著

中国铁道出版社有限公司
CHINA RAILWAY PUBLISHING HOUSE CO., LTD.

图书在版编目（CIP）数据

捕捉股票拐点：打造稳健投资体系/安福双著. —北京：
中国铁道出版社有限公司,2024.6
ISBN 978-7-113-30863-6

Ⅰ.①捕⋯ Ⅱ.①安⋯ Ⅲ.①股票投资 Ⅳ.①F830.91

中国国家版本馆 CIP 数据核字(2024)第 091437 号

书　　名：**捕捉股票拐点——打造稳健投资体系**
BUZHUO GUPIAO GUAIDIAN:DAZAO WENJIAN TOUZI TIXI
作　　者：安福双

责任编辑：张亚慧　　编辑部电话：(010)51873035　　电子邮箱：lampard@ vip. 163. com
封面设计：宿　萌
责任校对：苗　丹
责任印制：赵星辰

出版发行：中国铁道出版社有限公司(100054,北京市西城区右安门西街 8 号)
网　　址：http://www. tdpress. com
印　　刷：河北京平诚乾印刷有限公司
版　　次：2024 年 6 月第 1 版　2024 年 6 月第 1 次印刷
开　　本：710 mm×1 000 mm 1/16　印张：10.75　字数：199 千
书　　号：ISBN 978-7-113-30863-6
定　　价：69.00 元

前　言

　　价值投资的理念已经非常普及，在一些价值投资经典书籍中都可以看到。但是价值投资的具体方法，尤其是适合中国股市的方法和操作却不常见。

　　价值投资有很多流派和策略，本书聚焦于企业内在价值发生急剧变化的投资策略：基本面拐点投资。

　　本书的优点在于以下三个方面：

　　（1）将基本面拐点投资体系化，形成一个完整详备的价值投资操作体系。

　　（2）内容实用接地气，有很多具体的投资实操方法和步骤。比如，如何通过 Choice 软件来选股。

　　（3）利用人工智能来提高投资效率。比如，如何通过 ChatGPT 来查找投资线索。

　　本书共六章，内容力求通俗易懂、简洁流畅，让投资者能够掌握拐点投资体系的精髓。

　　第 1 章简要介绍了拐点投资体系的核心思想。拐点投资体系关注企业的基本面拐点，即企业从低迷期向高速成长期的转折点。在这个转折点之后，企业的业绩将迎来持续性增长，为投资者带来丰厚回报。

　　第 2 章详细阐述了企业如何实现增长，包括核心增长、提价、并购和降成本等多种途径。这些方法对于投资者判断企业成长潜力具有重要的参考价值。

第 3 章着重讲解了如何识别和确认基本面拐点。 通过财务报表、公司年报、新闻资讯等多渠道获取信息，投资者可以迅速而准确地发现企业的拐点。 本章还提供了针对不同行业的拐点判断方法，帮助投资者更好地应对行业差异。

第 4 章分析了拐点的持续性。 企业的成长周期、商业模式、竞争优势、竞争格局和管理层水平等因素都可能影响拐点的持续性。 投资者需要全面考虑这些因素，以确保在拐点之后，企业能够持续走出高速成长轨迹。

第 5 章介绍了自由现金流折现、市盈率、市净率、市销率、市研率、PEG 和分部估值等不同的估值方法。 估值是投资中至关重要的一环。 通过这些方法，投资者可以对企业进行合理估值，为买入和卖出提供依据。

第 6 章详细讲解了交易体系的构建。 从选股、买入、仓位管理、卖出、交易心理学和交易纪律等方面阐述了如何建立科学的交易体系。 在实际操作过程中，投资者需要不断总结经验、调整策略，以提高交易的胜率和收益。

基本面拐点投资体系为投资者提供了一个寻找优质企业并实现长期资产增值的有效方法。 通过学习和实践本书的内容，投资者可以更好地把握基本面拐点的投资机会，降低投资风险，实现财富的稳健增长。 然而，投资是一门艺术，而非一种机械的技术。 在实际操作中，投资者需要根据自身的风险承受能力、投资目标和市场环境来调整优化投资策略。 同时，投资者应始终保持谦虚谨慎的态度，不断学习新知识，提升自身的投资水平。

希望本书能为投资者的投资之路提供有益的指导，助您在投资的世界中有所收获。 但请牢记，任何投资都有风险，请谨慎操作，祝您投资顺利！

作　者
2024 年 3 月

目　　录

第1章

拐点投资体系简介

我们寻找正在经历某种转变的公司，如管理层变更、业务组合变化及行业变革。通常之前的管理团队过度扩张的同时也过度使用了杠杆，而新的管理层会通过削减成本、出售资产或偿还债务来解决这一系列问题。

基本面拐点，可以用爬山来进行形象的解释。假设你正在爬一座山，山坡代表企业的基本面，你的位置代表企业的业绩。

当你开始爬山时，可能会遇到一段陡峭的上坡，这时你要付出更多的努力才能爬上去。这就像企业经历了一段困难时期，业绩并不理想。然后，随着你继续往上爬，山坡的斜度逐渐变小，你会觉得越来越轻松。这就好比企业的基本面在逐步改善，业绩也在逐渐好转。而当你走到了山坡的拐点，也就是山顶，你会发现前面是一片开阔的平地。这个拐点正是基本面拐点的概念。在这个拐点之后，企业的基本面迎来了重大好转，未来业绩有望持续大幅向好。

价值投资的核心理念在于企业的价值是未来所有现金流的折现总和。换句话说，价值投资者关注企业未来现金流的增长，以及企业内在价值的提升。而基本面拐点恰恰是企业未来现金流大幅增长的信号，这使得基本面拐点投资策略成为价值投资理念指导下的一种具体投资方法。

以苹果公司为例。2001 年，苹果公司推出了第一代 iPod，这是苹果公司基本面的一个重要拐点。随着 iPod 的成功，苹果公司的销售额和利润开始快速增长。在此基础上，苹果公司又推出了iPhone、iPad 等一系列创新产品，进一步推动了公司的发展。投资者们在捕捉到这一拐点后，持有苹果股票，便会获得极高的收益。

例如，巴菲特通过捕捉可口可乐、美国运通等公司的基本面拐点，实现了长期稳健的投资收益。在 20 世纪 80 年代，可口可乐公司面临激烈的市场竞争，但公司凭借其品牌优势、独特的配方和广泛的分销渠道，逐渐走出困境，实现了业绩的持续增长。巴菲特看准了可口可乐的基本面拐点，大量购买了其股票，最终获得了丰厚的回报。

基本面拐点有两种：一种是加速增长，由低速增长到高速增长，由中速增长到高速增长，或者由高速增长到超高速增长，通常增速大于 30% 才能算拐点；另一种是困境反转，从差变好，通常利润恢复程度大于 120% 才能算拐点。

基本面拐点投资体系，就是关于企业基本面拐点如何产生、如何去识别和判断、如何去投资交易的体系。

在这些具体方法和操作之下，是基本面拐点投资的一些基础理念，我称为拐点投资的五个支柱。

1.1   逆向思考

在别人恐惧时我贪婪，在别人贪婪时我恐惧——巴菲特

大众喜欢跟随热门趋势去投资，选择那些热门、景气度高的行业和股票。基本面拐点投资，往往在企业发生拐点之前就关注和介入，说明这时股票的关注度低、市场热度较低。也正因为逆向思考，拐点投资策略才能帮助投资者在低估值的阶段买入，从而在企业基本面拐点来临时获得较高的投资收益。

在投资领域，个人投资者面临着与大型机构，如公募基金和保险公司竞争的压力。这些机构拥有庞大的资源和专业的研究团队，能够更加精准地把握市场动态。很多热门股票，都被众多研究机构覆盖，个人投资者很难建立超额认知，自然也难以获取超额收益。逆向投资正是普通个人投资者在市场中寻求优势的重要途径。此外，企业的盈利能力具有周期性，逆向投资策略可以帮助投资者把握低迷阶段的投资机会。

以 2021 年的光伏和新能源行业为例。当时，这两个行业的热度和景气度均处于高位，吸引了大量投资者的关注。然而在同一时期，有些较为冷门、关注度不高的企业，如陕西煤业（见下页图），反而表现出了更为出色的投资收益。这一现象充分说明在拥挤的投资领域，追求热门有时并不能带来显著的收益。

价值投资的成功关键是逆向投资。当所有人都在追逐某一种投资时，投资者很难以低价买入。聪明的投资者会寻找现金流稳定、资产回报率高、有实体资产保障的公司。如果这种公司被所有的基金都看好，投资者跟风投资，就很难获得比其他人更好的回报。所以，成功的价值投资需要与大众投资风向相反，发现被忽视的投资机会，才能以低价买进优质资产，从而获得长期稳定的超额回报。

当然，并非所有的逆向投资都会成功。投资者需要具备一定的洞察能力，对企业基本面拐点进行准确的判断。此外，投资者还需关注企业的盈

利能力、行业地位及市场潜力等多个方面因素，以确保所投资的企业在未来能够持续发展。

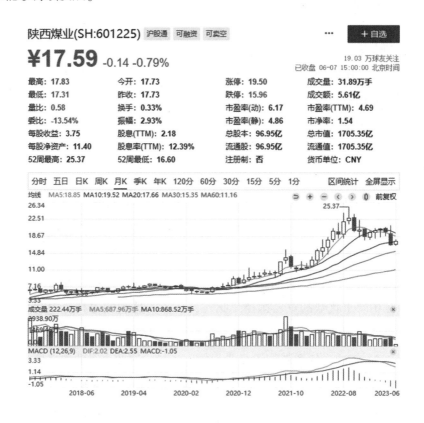

1.2 非线性增长

"进化"这个词，让人联想到漫长的时间和缓慢地变化。达尔文描绘的进化就是如此，慢慢地从原始的鸡演变成现代的鸡。然而，科学家古尔德却提出了一个全新的观点：进化其实是突变和平稳阶段的轮回。

想象一下，在地球的化石记录里，很多新物种就像魔术一般突然出现，没有任何过渡形态。有趣的是，这些物种在地球上存在的时间里，外形几乎都没有什么变化。这些发现让科学家们摸不着头脑，因为它们和达尔文的渐变论完全不符。

那么物种是如何演化的呢？古尔德提出了两种模式：一种是整个种群从一个状态变为另一个状态，但这并不能增加生物多样性，这是"匍匐式进化"。另一种模式才是真正精彩的部分：当一小部分生物脱离大群体，遇到全新的环境，它们在强大的自然选择压力下迅速演化成全新的物种，这是"跳跃式进化"。而一旦新物种适应了环境，它们的演化速度就会慢下来，保持相对稳定。

这就是古尔德的"间断平衡论"。其实，不仅物种的进化如此，企业的发展变化也是在渐变和突变之间交替进行的。

有两个孩子：一个孩子的身高逐年稳定地增长，每年都有一定的进步，这就像企业的线性增长。另一个孩子在某一年突然迎来了生长高峰，身高激增，这就像企业的非线性增长。同样的道理，企业增长也有两种状态：稳定的线性增长和突然的非线性增长。

线性增长是指企业的收入、利润等各项业绩指标呈现稳定的递增趋势，通常表现为企业在一个相对较长的时间段内，业绩增长速度基本保持恒定。这种增长状态下，企业的经营战略和市场环境相对稳定，企业的竞争优势和盈利能力未发生显著变化。

而非线性增长，表明企业发生了突变，而非渐变。在这种增长状态下，企业的业绩指标不再呈现稳定的递增趋势，而是在某一时期出现了明显的加速增长，这与企业的市场、技术、管理等方面的重大突破密切相关。非线性增长企业具有较强的创新能力和快速适应市场变化的能力，能够在短时间内实现迅速扩张和市场份额的提升。

下面以亚马逊为例进行介绍。亚马逊成立于 1994 年，最初只是一家在线书店。在随后的几年里，亚马逊不断扩大业务范围，逐渐成为全球最大的电商平台。尤其是在 2006 年推出亚马逊云计算服务（AWS）后，亚马逊的增长速度明显加快，实现了非线性增长。根据财报数据，亚马逊的营收从 2006 年的 107 亿美元增长到 2020 年的 3 860 亿美元，复合年增长率达到 27%（见下图）。

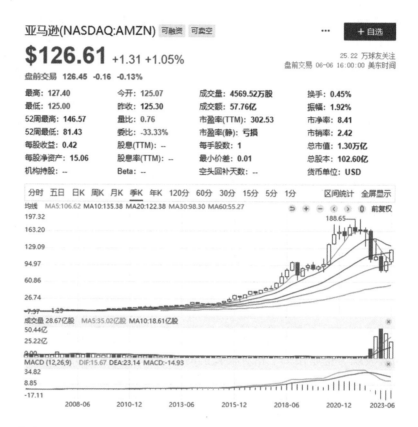

非线性增长企业具有一些共同特征：强大的创新能力、敏锐的市场洞察力、高速的增长速度和广泛的市场影响力。

戴维斯双击效应是指在投资过程中，投资者在正确判断并投资非线性增长企业时，可能获得的是超过预期的双倍回报。这种现象源于两个方面：一是企业本身的高速增长；二是市场对企业的重新定价。在非线性增长的企业被投资者发现前，其股价往往被低估。而当企业的非线性增长得到市场认可后，投资者会重新评估企业的价值，从而推动股价上涨。

基本面拐点，表明企业迎来非线性增长，在业绩迎来巨大增长的同时，估值往往也会同时提高，从而迎来戴维斯双击，如果投资成功可以为投资者带来巨大收益。

1.3　不确定性

之前从未发生过的事情一定会根据某种规律发生。你必须时刻为出乎意料的事情做好准备，包括市场与经济突然的、急剧的下行波动。无论你所假设的负面情景有多糟糕，现实情况都会远远更糟——塞思·卡拉曼

在投资领域，基本面拐点投资是一种富有挑战性的策略。它要求投资者捕捉到企业经营状况发生重大好转的时刻，从而在未来业绩大幅提升的过程中获得丰厚的回报。然而，基本面拐点的发生和时间具有很大的不确定性，本质上只是一个概率事件。

投资中的不确定性来自多个方面。如市场波动、政策变动、企业运营风险等。基本面拐点投资本身就是一个概率事件，我们很难在事前确切预测拐点到底会不会发生，以及何时发生。正因如此，我们要认识到，不确定性是拐点投资的一部分，要学会拥抱这种不确定性，以降低投资风险。

因此，在投资中很难有百分之百确定的事情。为了应对不确定性，我们必须通过分散投资、安全边际等方式来进行应对。

1.4　聚焦个股

不要理会任何未来利率、宏观经济和股市预测，集中精力关注你投资的公司正在发生什么变化——彼得·林奇

在投资领域，我们经常听到关于宏观经济和股票市场牛熊的讨论。然而，对于想要在投资中获得成功的普通个人投资者来说，关注个股的基本面拐点才是更为关键的。

苹果公司是一个典型的基本面拐点投资的成功案例。2001 年，苹果公司推出了 iPod 产品，随后又推出了 iPhone、iPad 等一系列创新产品。这些产品的推出使得苹果公司的业绩持续大幅向好，股价也水涨船高。然而在这期间，美国股市经历了多次波动，包括 2008 年金融危机。聚焦于苹果这

样的优质个股，投资者可以在经济周期和牛熊市场中获得丰厚的回报，（见下图）。

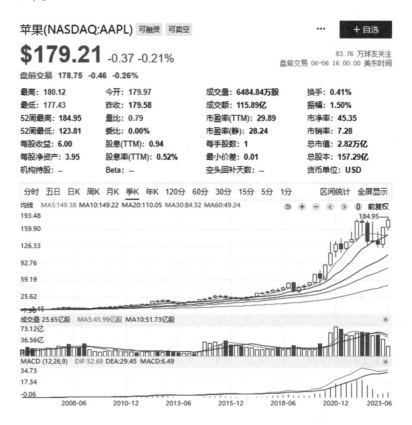

优质企业可以在不同的经济周期和市场环境中保持业绩的稳定增长。聚焦于优质企业的基本面拐点投资，有助于投资者在不确定的市场环境中降低风险和获得稳定的收益。

聚焦于个股基本面拐点的投资策略，让投资者可以更加深入地了解企业的运营状况、财务数据和市场地位，从而作出更为明智的投资决策。

基本面拐点投资，就是聚焦于个股的发展变化而非宏观经济或股票市场的波动。通过深入研究企业、关注行业动态、耐心等待和长期持有的策略，投资者可以在不确定的市场环境中降低风险、提高收益。

1.5　长期投资

现在剩下的最后一个巨大套利空间是长期投资，因为有一大批投资者不能容忍短期挫折。因此，当股价因为业绩未达到市场一致预期或市场对短期业务发展反应过度而大跌时，这对我们而言却很有趣。当有人觉得有股票很便宜却不买入，我觉得这很疯狂，因为他们认为在接下来的 6 ~ 12 个月里股价涨不起来。如果我们能看到良好的长期业绩，那么对于这种痛苦则应该有相当高的容忍度——马里奥·思贝尼。

以巴菲特为例，他一直坚持长期投资策略，通过精选优质公司股票，耐心等待市场的认可。在 2008 年金融危机期间，许多投资者因股市暴跌而恐慌性抛售股票，但巴菲特却逆市而购，投资了一系列优质企业。随着时间的推移，这些企业的价值逐渐凸显，为巴菲特带来了丰厚的投资回报。

企业创建价值和现金流的过程需要时间。从生产出产品到将其卖出，企业需要经历一系列环节。因此，投资者在投资时要给予企业足够的时间和空间。

研究显示，长期投资者的收益往往超过短期投资者。一项对美国股市的研究发现，1926—2015 年，长期投资者的年化收益率约为 10%，而短期投资者的年化收益率仅为 5.6%。这说明，耐心等待的投资者更有可能获得丰厚的回报。

企业拐点的发生不是一蹴而就的，也是需要较长时间的。我们在投资过程中，应耐心等待企业拐点的发生。虽然短期内企业的股价可能会因为市场因素而波动，但从长期来看，企业的业绩将决定其股价的走势。

以苹果公司为例，自 iPhone 推出以来，其股价经历了多次波动。然而，随着苹果公司不断创新，推出新产品和服务，苹果的业绩逐年提升。长期投资者在这一过程中，不仅享受到股价上涨带来的回报，还获得了丰厚的股息。

第 2 章

企业如何实现增长

要想搞清楚企业的成长拐点在哪里，首先需要明白：企业是如何实现增长的（见下图）？

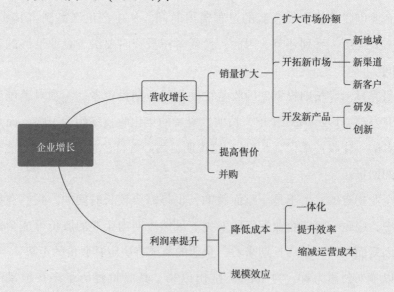

企业利润＝营业收入×利润率

一个企业的业绩成长，归纳起来，无非就是两个方面：一方面，营业收入提升，产品或服务卖得更多了，利润率提升；另一方面，从单个产品或服务销售中赚得更多了。

如何提高营业收入？

营业收入 = 产品销量 × 产品价格

企业可以通过扩大市场份额、开拓新市场、推出新产品等手段来销售更多产品，这是影响企业收入量的方面。但如果企业的产品价格下降很多，有可能企业会销售更多产品，但总体营收并不增长。比如，很多电子产品、化工品会随着生产成本下降、市场竞争激烈等因素导致短期内价格大幅下滑。所以，还要关注产品价格这个重要因素。企业在产品销量提升时，产品价格保持稳定，或者下降的速度远低于销量提升速度，才有可能营收增长。如果企业产品销量稳定或者不断提升，同时产品价格不断提升，如茅台和五粮液，那么企业收入也会持续上升。

如果企业自身增长遇到瓶颈，可以通过并购其他企业来提升自己的业绩。所以，并购也是推动企业成长的一个重要方式。企业自身的增长属于内生增长，并购属于外延增长。

如何提高利润率？

利润率 = 利润 ÷ 成本 × 100%

企业成本包括营业成本、管理费用、销售费用、财务费用等。企业通过提升管理效率，降低各种成本，也可以推动利润增长。但是这种增长很难具有长期的持续性，所以，难以成为主要的增长手段。

当然，企业在不同发展阶段会选择性应用不同的增长方式，而且大部分企业不会只采取单一的增长方式，而是多种并用。

2.1 核心增长： 扩大销量

销量增长带动企业增长，是最健康的增长方式，因为这说明下游真实需求的扩大，具有较强的持续性。

企业的市场份额受到多个因素影响，如产品质量、价格、交货期、售后服务、促销方式、竞争策略、品牌知名度等。想要销量增长，企业就要把产品卖给更多人，或者同一个人卖得更多。具体方法有提升品牌力、开拓新的销售渠道、开发新产品等。

2.1.1 品牌价值提升

品牌，就是能够占领消费者的心智，得到用户的信任和认可，用户相信某个企业不错，自然会反复购买企业的产品和服务，从而推动企业业绩的增长。

以国内化妆品企业贝泰妮为例（见下表）。2017—2021 年，公司营收从 7.98 亿元做到 40.22 亿元，公司净利润从 1.54 亿元增长到 8.63 亿元。公司能取得如此惊人的高增长，得益于品牌价值的不断提升。

年　　报	2021 年报	2020 年报	2019 年报	2018 年报	2017 年报
营业收入（亿元）	40.22	26.36	19.44	12.40	7.98
营业收入 同比增长（%）	52.57	35.64	56.69	55.44	
净利润（亿元）	8.63	5.44	4.12	2.61	1.54
净利润 同比增长（%）	58.77	31.94	58.12	69.58	
扣非净利润（亿元）	8.13	5.13	3.91	2.49	1.47
扣非净利润 同比增长（%）	58.59	31.05	56.81	69.17	

数据来源：贝泰妮年报。

贝泰妮，全称为"云南贝泰妮生物科技集团股份有限公司"，成立于2010 年，是一家集研发、生产和营销为一体，定位于皮肤健康互联网 + 的大健康产业集团。贝泰妮致力于打造中国皮肤健康生态，推动中国皮肤护理大健康事业的发展。公司于 2021 年 3 月 25 日登陆深交所创业板，股票代码 300957。

公司以"薇诺娜"品牌为核心，专注于应用纯天然的植物活性成分，提供温和、专业的皮肤护理产品，重点针对敏感性肌肤，向消费者提供符合不同皮肤特性需求的专业型化妆品（见下图）。

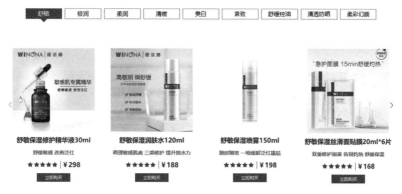

公司产品主要包括霜、护肤水、面膜、精华及乳液等护肤品类产品和隔离霜、BB 霜，以及卸妆水等彩妆类产品。公司除护肤品和彩妆外，还从事皮肤护理相关医疗器械产品的研发、生产及销售业务，相关产品主要包括透明质酸修护生物膜、透明质酸修护贴敷料等，主要用于微创术后屏障受损皮肤的保护和护理。

根据 Euromonitor 的统计数据，2021 年公司旗下"薇诺娜"品牌在皮肤学级护肤品国内市场排名稳居第一，市场份额较 2020 年度提升约为两个百分点，相较于 2020 年度，"薇诺娜"品牌较第二、三名的领先优势继续扩大，"薇诺娜"国内市场份额接近第二、三名的总和，头部效应显著。公司爽肤水（护肤水）产品市场排名从第七上升至第四；面膜产品市场排名从第八上升至第七。2015—2020 年，"薇诺娜"品牌在皮肤学级护肤品的市场份额从 6.5% 提升到 21.6%，大幅超越之前排名靠前的雅漾和薇姿（见下图）。

数据来源：Euromonitor。

化妆品行业的核心是用户基于对品牌的信任而产生的消费，因此，品牌力是化妆品公司最核心的资产。

2.1.2　产品降价：以量补价

工业化时代，大部分产品都是由机器来进行大规模生产，成本不断降低，产品价格也不断下降。产品价格下降，会刺激需求扩大，企业能够以量补价，获得业绩增长。这样的例子不胜枚举：天天平价的沃尔玛、做面板的京东方、做半导体的英特尔、微波炉行业的格兰仕、家电零售领域的国美电器等。

光伏行业尤其比较典型，而隆基绿能科技股份有限公司（以下简称隆基绿能）就是最佳案例之一（见下图）。

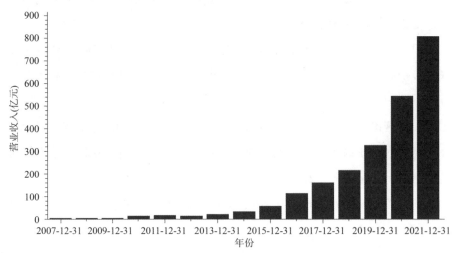

2017—2021 年，隆基绿能的营业收入从 163.62 亿元增长到 809.32 亿元，净利润从 35.65 亿元增长到 90.86 亿元（见下图）。

隆基绿能(SH601012)

全部	年报	中报	一季报	三季报

☑同比

财报币种：人民币(CNY)

报告期 ∨	2021年报	2020年报	2019年报	2018年报	2017年报
关键指标					
营业收入	809.32亿	545.83亿	328.97亿	219.88亿	163.62亿
	+48.27%	+65.92%	+49.62%	+34.38%	+41.90%
营业收入同比增长	48.27%	65.92%	49.62%	34.38%	41.90%
	-26.77%	+32.85%	+44.32%	-17.96%	-55.37%
净利润	90.86亿	85.52亿	52.80亿	25.58亿	35.65亿
	+6.24%	+61.99%	+106.40%	-28.24%	+130.38%
净利润同比增长	6.24%	61.99%	106.40%	-28.24%	130.38%
	-89.94%	-41.74%	+476.78%	-121.66%	-33.94%
扣非净利润	88.26亿	81.43亿	50.94亿	23.44亿	34.65亿
	+8.39%	+59.87%	+117.35%	-32.36%	+130.45%
扣非净利润同比增长	8.39%	59.87%	117.35%	-32.36%	129.28%
	-85.99%	-48.98%	+462.66%	-125.03%	-30.13%

数据来源：隆基年报。

2017 年隆基绿能达到 163.62 亿元的营业收入规模，此后几年依然保持 40% 左右的高增长。从成立之初到现在，光伏单晶硅片一直是公司的主要收入来源之一，其巨额的增长，正是来自不断降低价格来推升销量（见下图）。

隆基绿能单晶硅片历年收入

数据来源：隆基年报。

隆基绿能成立于2000年，致力于打造全球最具价值的太阳能科技公司。隆基绿能以"善用太阳光芒，创造绿能世界"为使命，秉承"稳健可靠、科技引领"的品牌形象，聚焦科技创新，构建单晶硅片、电池组件、工商业分布式解决方案、绿色能源解决方案、氢能装备五大业务板块（见下图）。隆基绿能形成支撑全球零碳发展的"绿电＋绿氢"产品和解决方案。

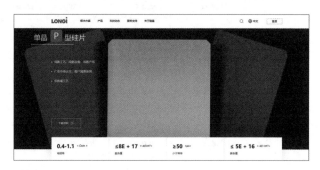

根据半导体材料的不同，可以将太阳能电池分为晶硅太阳能电池和薄膜太阳能电池。晶硅电池是研究最早、最先进入应用的第一代太阳能电池技术，按照材料的形态可分为单晶硅电池和多晶硅电池。

2015—2016年，以隆基绿能为代表的单晶厂商实现技术突破，大幅降低了单晶硅片单片成本。由于单晶硅电池具备更高的转化效率，导致单晶硅片对应的单瓦成本实现反超，比多晶硅片更低，后又出现以PERC为代表的高效单晶硅电池，进一步推动了单晶硅对多晶硅的替代，单晶硅电池市场份额自2016年起开始持续攀升（见下图）。

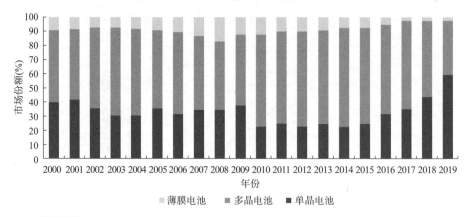

数据来源：Fraunhofer。

单晶硅对多晶硅的替代，核心在于金刚线的切割技术的普及，大幅降低了单晶硅片成本。金刚线当时主要是替代砂浆切割技术。

传统的砂浆钢线切割切速仅为 0.4 mm/min。金刚线切割可采用 1.0～1.2 mm/min 以上的大切速，切割效率大幅度提升 2～3 倍。同时，随着金刚线切片技术的发展，单片硅片耗线量也在成倍下降，由原先的 3 m/片已经降到现在的 1.5 m/片。切割成本的下降使金刚线技术快速普及。

金刚线基本以每年 10～20 μm 的速度在细线化，当时国内先进企业已实现母线 80 μm 金刚线切片量产，日本当时已有厂家开始小范围使用母线 70 μm 金刚线。薄片化可大幅提高每千克单晶出片率、提升切片产能，为单多晶硅片成本逆转提供有力支撑。

当切割硅片的方法由砂浆切割转变为金刚线切割时，按当时的 120 元/kg 的硅料的成本计算，每一片硅料的成本即可降低 0.59 元。考虑金刚线线径逐年变细，切割速度增快，产能大幅增加，产品的折旧成本也会有所降低。据测算，当硅片厚度由 180 μm 下降至 160 μm，硅片生产的折旧成本将下降 0.26 元/片。

在隆基绿能的单晶硅片出来之前，保利协鑫是当之无愧的晶硅龙头。2015 年底，保利协鑫多晶硅和多晶硅片产能分别达到 7 万 t 和 14GW，市占率分别高达 30% 和 40%，均列全球第一。对比两家公司的发展可以明显发现，自 2015 年金刚线切割开始普及，明显提升了单晶硅片的成本下降速度，按当时的电池片效率估算硅片的单瓦成本，2016 年，单晶对多晶实现了成本优势的反超（见下图）。

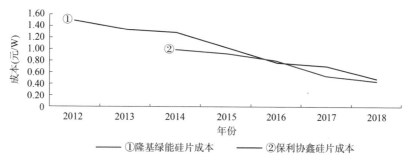

数据来源：Wind。

　　隆基绿能得益于领先的成本优势，在硅片价格下跌时，仍能连续 6 个季度保持毛利率攀升，2015—2018 年，隆基绿能营收年复合增速达到 55%，净利润年复合增速达到 70%。

　　从量产效率看，2010—2019 年单晶电池效率 17.5% 提升到 22.3%，平均每年提升 0.48 个百分点，而同期多晶电池效率从 16.5% 提升到 19.3%，平均每年提升 0.28 个百分点，单多晶效率差从 1 个百分点拉开到 3 个百分点（见下图）。在效率提升的同时，单晶电池价格却一路下跌，单多晶电池片价格差从 2012 年的 0.4 美元/片下降到 0.11 美元/片，单晶电池性价比凸显。

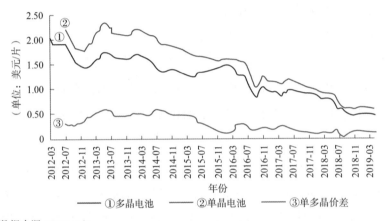

数据来源：PVInsights。

　　由于单晶硅片在效率和性价比上对多晶硅片的优势的不断扩大，市场份额显著快速提升。根据光伏协会数据，2019 年，单晶硅片市场占比约为 65%（见下图），随着头部企业对单晶硅片的积极布局，预计 2022 年，单晶硅片占比将达到 80%。

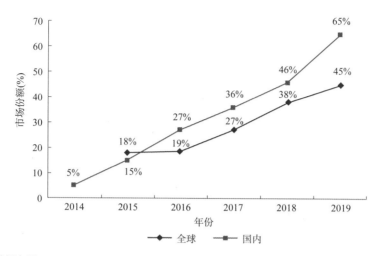

数据来源：Energy Trend，华经情报。

光伏地面电站成本结构中，组件成本占比较高。在硅片、电池片等关键环节成本下降的带动下，组件成本下降趋势明显，2020 年下降至 1.57 元/W，同比下降 10.3%，并带动系统造价逐年下降，2020 年降至 3.99 元/W，同比下降 12.3%。另外，我国光伏电池转换效率也得到了明显提升，助力度电成本下降。从全球范围来看，光伏电价在越来越多的国家和地区已低于火电电价，成为最具竞争力的电力产品。

全球大部分国家/地区的光伏度电成本较五年前降低约 50%，已降至 2 ~ 6 美分/kW · h，低于大部分煤电成本，完成了用电侧到发电侧的平价甚至低价上网，逐渐摆脱补贴的束缚。

2020 年，我国光伏最低中标电价已下降至 0.242 7 元/kW · h（折合约 3.46 美分/kW · h），低于 2019 年最低价 0.26 元/kW · h。我国光伏已经能够做到平价上网，成本等同于火电成本，随着技术进步，成本会显著低于火电（见下图）。

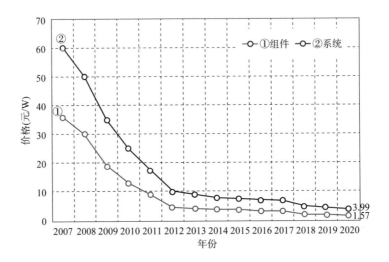

数据来源：CPIA。

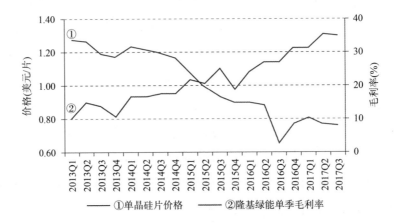

　　光伏发电成本具有竞争力，说明下游光伏电站的收益率提升，刺激着下游光伏电站不断扩产，大大拉动了对单晶硅片的需求。隆基绿能的硅片销量大幅增长，抵消了产品价格带来的负面影响（见下图）。

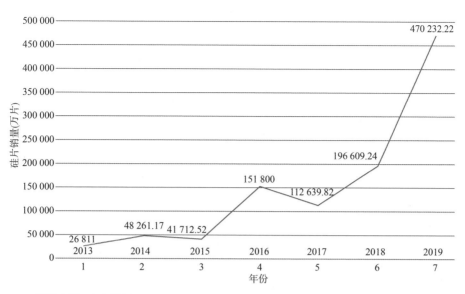

数据来源：东方财富 Choice。

在公司产品不断下降的过程中，隆基绿能毛利率并未降低，2015—2019 年，公司毛利率反而不断提升（见下表）。这是因为公司产品成本下降幅度更大。隆基绿能非硅成本每年下降 10% ~ 30%，这使得隆基绿能单晶硅片在硅片价格下降通道中，仍然保持了很好的盈利能力。

年　　度	隆基绿能年报中关于非硅成本的表述
2015	全年硅片产品非硅成本同比降低 20.78%
2016	硅片产品非硅成本已较 2012 年下降 67%。截至 2016 年底，年度硅片产品非硅成同比降低 33.98%，拉晶和切片成本快速下降
2017	新上项目标准硅片非硅成本不高于 1 元/片
2018	公司目前硅片非硅成本控制在 1 元以内。产品非硅成本进一步降低，其中拉晶环节平均单位非硅成本同比下降 10.49%，切片环节平均单位非硅成本同比下降 27.81%
2019	产品非硅成本进一步降低，其中拉晶环节平均单位非硅成本同比下降 25.46%，切片环节平均单位非硅成本同比下降 26.5%

数据来源：隆基绿能年报。

光伏产业链的降价趋势是长期而持续的，对企业而言，只要成本下降速度追得上降价速度，那么盈利能力就是有保障的，同时只要降本速度始终领先同业，那么隆基绿能的行业龙头地位也是极为稳固的。

可见，只要公司通过技术进步、规模效应、原材料价格下降等各种方式来不断降低产品成本提高效率，然后通过产品降价可以获得更多销量，不断扩大市场份额，从而实现以量补价，获得持续的业绩增长。

如果公司产品价格下降成本却不能同步下降，那么对于企业来说就是灾难性的后果。充电桩、LED 发光芯片等都出现过这种情况：产能过剩，产品价格大幅下滑，毛利率和净利率大幅降低，公司陷入亏损。聚灿光电在 2018 年和 2020 年由于产品价格下滑严重，陷入严重亏损（见下图）。

聚灿光电(SZ300708)

| 全部 | 年报 | 中报 | 一季报 | 三季报 |

财报币种：人民币(CNY)

报告期 ∨	2021年报	2020年报	2019年报	2018年报	2017年报
关键指标					
营业收入	20.09亿	14.07亿	11.43亿	5.59亿	6.21亿
营业收入同比增长	42.83%	23.05%	104.61%	-10.02%	29.32%
净利润	1.77亿	2137.49万	814.43万	2037.16万	1.10亿
净利润同比增长	728.43%	162.45%	-60.02%	-81.48%	81.53%
扣非净利润	4135.69万	-6498.27万	-5983.62万	-1.22亿	8856.73万
扣非净利润同比增长	163.64%	-8.60%	50.93%	-237.67%	179.90%
销售毛利率	16.89%	13.44%	12.90%	7.43%	28.97%
销售净利率	8.81%	1.52%	0.71%	3.65%	17.72%

数据来源：聚灿光电年报。

2.1.3 完善服务

对于产品型企业，客户不仅要求产品质量过硬，还需要服务优秀，服务是质量的延伸。通过服务，企业可以提高美誉度和信任度，从而提升销售量。在当今大部分产品同质化的情况下，服务可以塑造出差异化竞争优势。海尔 3C 服务、美的"认真做足 100 分"、蔚来"服务无忧套餐"等就说明了这一点。

对于服务型企业，服务是公司的"命脉"。海底捞推行以服务为核心的经营理念，个性化的周到服务为其带来极高的人气和客户黏性，成为餐饮行业的一个传奇标杆。

专注美容整形的华韩股份（股票代码：NQ430335），以高质量的标准化服务取胜，10 年间业绩持续增长，成为一只 10 倍股（见下图）。

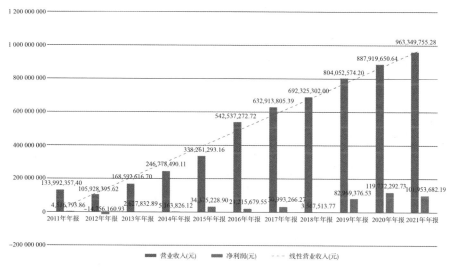

数据来源：华韩股份年报。

医疗美容是用手术、药物、医疗器械及其他具有创伤性或者侵入性的医学技术方法，对人的容貌和人体各部位的形态进行修复与再塑，其衍生于临床医学，但区别于临床医学，医美是以审美而非治疗为目的，消费属性超过诊疗属性。现代医美的需求来源于经济水平提升带来的"颜值精神"追求，与颜值挂钩的事物都会得到追捧。随着经济水平的提高，叠加近年来"网红效应"等因素影响，人们为颜值付费的能力和意愿均不断增强，医美行业需求快速发展。2012—2019 年，中国医美市场保持高速增长，医美市场规模年复合增速达到 28.97%，2012—2018 年每年增速均超过 25%。根据医美平台更美 App 发布的《更美 2021 医美行业白皮书》，2021 年国内医美市场规模达到 2 274 亿元，同比增长 15%。

医美市场急剧扩大，民营医美机构野蛮生长，也导致行业乱象丛生。

根据艾瑞咨询《2020 年中国医疗美容行业洞察白皮书》，2019 年中国具备医疗美容资质的机构约为 1.3 万家，其中医院类医美机构占比为29.1%，门诊部类医美机构占比为 32.9%，诊所类医美机构占比为 38%。2011—2019 年，正规医美机构数量年复合增速为 12.69%，呈现一定的快速增长，但与医美市场规模 2012—2019 年高达 28.97% 的年复合增长率相比，医美机构增速不及同期医美整体市场需求规模的 1/2，根本无法匹配满足快速增长的市场需求。

此外，多数私营医美机构陷入高毛利低净利的困境。通过主流的几家医美机构披露的数据可以发现，医美机构的毛利率水平基本在 50% 以上，但净利率却只有 10% 左右，有的甚至为负。究其原因，私营医美机构不同于公立医院天然具有良好的声誉保证，对营销宣传等手段具有极强的依赖性，尤其是户外展位、电视广告、明星代言和搜索引擎广告，营销渠道和销售费用合计能占总成本的 70% 以上。与此同时，行业内同质化的竞争越发严重，激起激烈的"价格战"，正规机构也不得不通过低价微整形引流，低价引流 + 疯狂打广告共同挤压医美机构的利润空间。

鱼龙混杂的医美行业蕴含着正规医美机构的巨大机会。华韩股份的品牌精神为"美学艺术·致敬生活"，遵循"我们以绅士和淑女的态度为绅士和淑女服务"的客户服务准则。公司将医美服务标准化、流程化、数字化，从而为用户提供了高质量的医美服务，近几年取得了高质量的增长。

（1）服务标准化：三级整形外科医院 + 5A 级医美机构 + JCI 认证；

（2）增值服务：多语言 + SPA + 专车接送；

（3）服务数字化：效率提升。

华韩旗下多家医院通过长时间的运营和积累，多家医院开始扭亏为盈进入利润释放期（见下表）。

整形医院	净利润（万元）				
	2017 年	2018 年	2019 年	2020 年	2021 年
南医大友谊整形医院	4 197.47	4 174.12	5 290.28	7 024.93	7 028.84
四川悦好	− 460.74	− 1 004.79	526.90	405.45	109.17
北京华韩	− 556.21	− 299.54	13.16	811.47	489.66
青岛华韩	669.24	781.94	772.49	1 369.84	1 109.50
长沙华韩	− 2 040.55	− 2 605.00	269.35	153.63	690.15
南京华韩	1 695.56	383.81	1 348.71	2 137.52	2 390.35
海南华韩					246.54

数据来源：华韩股份年报。

2.1.4　开发新市场

扩大销量主要针对扩大现有市场，有进取心的企业还要不断寻找那些新市场的增长机会，如开拓新的销售渠道、将产品销往新的地域、发掘新的客户等。

1. 新地域

通常，一个公司会立足于本地，先把本地市场做好，建立好根据地后，就可以考虑进一步"攻城略地"了。

（1）市外、省外市场

很多实体生意是有很强区域性的，如餐饮店、药店、汽车售后、白酒、口腔诊所等。如果在本地市场做到饱和后，想要获得增长则必须考虑向市外、省外市场扩张。

一心堂是云南省药品零售龙头企业，20 年来不断通过开设新店实现业绩增长。公司发展可分为以下三个阶段：

第一阶段（1981—2003 年），主要在云南省内经营，2003 年已成为省内门店数量和销售规模第一。

第二阶段（2004—2010 年），开始在云南省外扩张，进入四川、广西等市场，2009 年门店数过千，2010 年引入投资方为上市做准备。

第三阶段（2014 年至今）是异地扩张成熟期，省外市场成为核心增长动力。2014 年公司上市后，在四川等地区并购加速扩张。当前一心堂约有70% 新增门店在云南省外。

四川和重庆是公司主要目标市场，已有超过1 100家门店。广西和海南也各有300余家门店。除云南外，公司门店数量和收入份额不断上升。省外门店增速远高于省内，已成为公司业绩的主要增长动力。

正是因为公司能够不断"开疆拓土"，营业收入从2009年的14.559 8亿元增长到2021年的145.874 0亿元（见下图）。

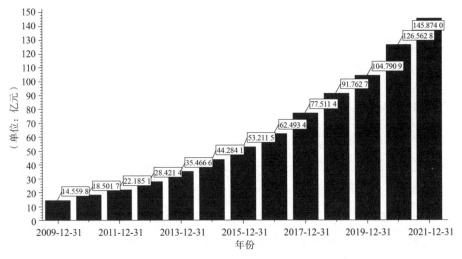

数据来源：东方财富 Choice。

公司利润从2009年的0.847 6亿元增长到2021年的9.172 1亿元（见下图）。

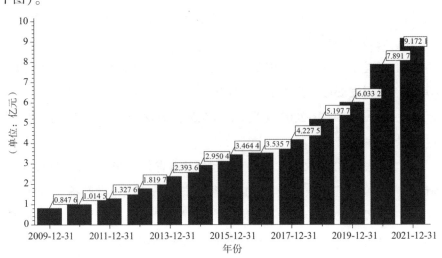

数据来源：东方财富 Choice。

（2）三四线城市和乡镇农村

我国既有发达的一二线城市，也有上百个三四线城市，还有上百个五线城市、数量繁多的乡镇农村地区。这就为企业提供了很大的纵深空间，能够以一二线城市为核心，然后逐步拓展到三四线城市、县乡镇农村。

周大生是中高端珠宝品牌，1999 年成立，2006 年开始通过加盟模式快速拓展三四线城市店铺。主攻三四线市场的策略成功帮助周大生后来居上，迅速打开知名度。2006 年之后，周大生加盟店数快速增长，先后在2009 年和 2013 年实现 1 000 家和 2 300 家里程碑。当前周大生三四线城市门店数量超过 3 000 家，是其核心优势。凭借三四线市场的开发，周大生业绩获得大幅增长，成功跻身一线品牌行列，业绩实现大幅增长。

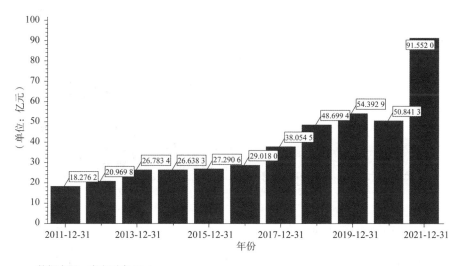

数据来源：东方财富 Choice。

（3）国际化

除了在国内广阔的市场寻找机会，企业还可以放眼全球，在全世界开拓市场。随着中国企业的竞争力越来越强，海外市场的份额占比越来越高。企业在国内市场抵达业务的"天花板"之后，继续实现成长的方式主要是国际化。国际化成为很多成熟行业获取增长的新动能，福耀玻璃、美的集团、格力电器、三一重工等很多企业在这方面都做得很不错，是通过国际化实现穿越周期的典型代表。

福耀玻璃是汽车安全玻璃供应商，采取全球化经营战略。福耀玻璃在全球范围内建立生产基地，为各大汽车品牌提供即需即供服务，还拥有多个设计中心。福耀玻璃产品销往全球各地，海外收入占比近50%。在全球市场上，福耀玻璃市场份额位居第二。国内市场份额稳定在60%~70%，提升空间有限。近年来，福耀玻璃继续扩大在美国的产能，未来随着产能释放，有望在美国提高市场占有率。海外市场的拓展是福耀玻璃业绩增长的关键动力。公司的营收从1993年的1.688 4亿元增长到2021年的236.030 6亿元。（见下图）

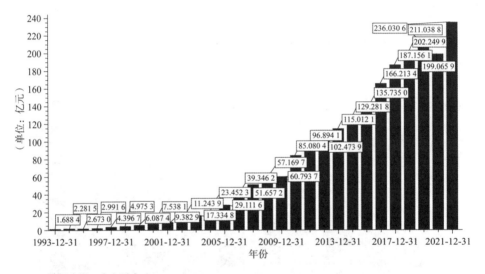

数据来源：东方财富 Choice。

净利润从1993年的0.635 2亿元增长到2021年的31.429 8亿元（见下图）。

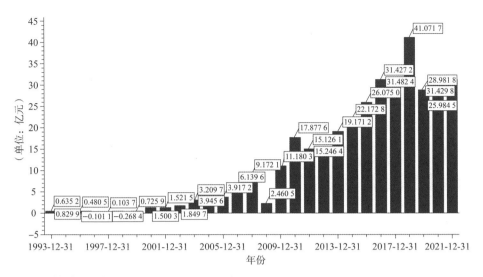

数据来源：东方财富 Choice。

2. 新渠道

销售渠道有很多种，如线下的百货、购物中心、超市、连锁专卖店等，线上的电商平台、短视频等，还有电视购物、微商等。不同的时代会有新渠道涌现出来，如果企业能够敏锐地抓住新渠道，则可以弯道超车，实现后来者居上。

三只松鼠成立于 2012 年，定位为互联网休闲食品品牌，主营坚果等类别产品的销售。公司抓住电商快速发展的机遇，专注线上销售渠道，实现了快速增长。相比线下销售，电商模式降低了采购和销售成本，数据化运营更懂消费者。三只松鼠覆盖主要电商平台，连续多年蝉联双十一食品类销售冠军。2014—2019 年，公司营收复合增长率达到 49.2%。2019 年，三只松鼠成为国内首个营收百亿的休闲食品企业，成功搭上了电商发展的快车。公司抓住电商红利，实现了飞速增长。

3. 新用户

如果企业固守老用户，最终会坐吃山空。所以，企业要增长，必须不断开发新用户。

用户可以根据标准分出很多类型，比如按用户的组织类型可以分为企业用户、个人用户、政府用户；按性别可以分为男用户、女用户；按居住地可以分为城市用户、乡村用户；按年龄可以分为儿童用户、少年用户、青年用户、中年用户、老年用户；按收入可以分为低收入用户、高收入用户。

企业根据自己的情况，进行顾客细分，然后开发那些有潜力的新用户。比如，索芙特原先做女性化妆品，在女性化妆品取得巨大成功后，研发了男性护肤品，开发男性用户。森马原先做成人服装，然后又开拓出童装品牌巴拉巴拉，将儿童变成新用户，这样的例子还有很多。

比如哔哩哔哩，公司始于2009年，是以ACG内容起家的视频弹幕网站。经历三个发展阶段，从小众的ACG社区成长为覆盖各类兴趣内容、服务综合用户的视频平台。B站以独特的弹幕文化和社区氛围吸引用户，从核心的ACG用户群扩展到泛青少年。近年来，通过内容、产品和品牌层面进行用户圈层扩展，推出更丰富的非ACG内容，营造主流化形象，月活跃用户达到3亿。在吸引流量的同时，B站通过游戏、直播、广告等多元方式实现商业获利，营收增速迅猛。

4. 新产品

产品是企业获得市场的核心利器，市场份额的获取需要依赖于企业生产出来的产品被市场和用户认可。产品被市场接受的过程，实质上就是企业在市场上扩张的过程。当一种产品在市场上逐渐老化，即将走完产品的生命周期，那么市场份额就会逐步下降。尤其是当产品步入成熟期后，市场份额的下滑态势就会呈现。在这种情况下，企业必须有一个合理的产品组合，不断有新产品跟上，形成合理的产品梯队，让完成市场使命而即将退出市场的产品有"接班人"，这样有利于完成对客户群体的转移与"交接"。无论是在市场繁荣时期，还是市场不景气时期，产品创新都是保持或扩大市场占有的秘密武器之一。

在市场繁荣时期自不必说，而在市场不景气时期，产品创新的价值性依旧很大。创新是战胜危机的绝佳武器，越是困难越要相信创新的力量。企业必须清楚：企业投资于产品开发与研究，即产品创新可以获得巨大回报。当竞争对手处于衰弱状态时，新产品或经过改进的产品对市场更具吸引力及影响力。

早在 1986 年，一项针对 34 类日常消费品的研究表明，产品创新领先企业作为市场第一进入者，市场第二进入者的平均市场份额只有它的 71%，而第三进入者的市场份额只有它的 58%。缩短产品创新周期（从新产品构想到投产的时间能延长产品销售的有效时间），有可能使企业占有更多的市场份额，增加企业盈利的可能性。

有研究表明，一种新产品推向市场晚 6 个月，将导致其整个寿命周期内利润降低 15%～27%，而且随着产品寿命周期缩短，相对损失越多。可见，从企业最终获得的角度来看，领先企业的市场份额和利润也高于后进入者。所以，积极进行产品创新并适时投放市场，有利于企业获得领先于竞争对手的市场份额，有利于企业持续成长。德国大众汽车公司通过推出高尔夫等多款经济型轿车在市场上取得成功，不断巩固与扩大市场份额。

做服务机器人的科沃斯也是如此。科沃斯是全球最早的服务机器人公司，1998 年成立，产品包括扫地机器人、擦窗机器人、空气清洁机器人等。近年来，科沃斯布局三大发展方向：一是不断迭代升级旗下科沃斯品牌的服务机器人产品线；二是发展智能生活电器独立品牌添可；三是布局商用机器人。科沃斯通过产品、技术和市场三个方面的创新，快速打开市场空间，是扫地机器人的龙头企业。源源不断的新产品让科沃斯业绩获得快速增长，并继续扩大服务机器人及相关领域的市场份额。

2.1.5　业务多元化

当企业的核心业务已经进入成熟期，增长空间不大时，企业就很有必要扩展新业务，形成多元化的业务布局，搭建第二成长曲线。比如，亿纬锂能从消费电池拓展到动力电池；赣锋锂业业务已从最初的锂加工，向上游锂矿开采，以及下游锂电池行业延伸和拓展，实现了锂产业链的多元化布局；做服装的杉杉股份拓展到偏光片、锂电材料等新业务。

一般情况下，企业实施业务多元化时，需要围绕原先的核心业务展开，新业务应该和老业务具有高度相关性，比如具有同样的技术能力或者同样的客户、同样的渠道、同样的工艺等，这样比较容易成功。如果随便跨界，进入一个完全陌生的领域，则很容易失败，不仅新业务做不好，还很容易拖累原先的核心业务。因为业务多元化意味着大量的资本投入，大量的组织、架构和人员变革，还有大量无法预知的风险，一着不慎，满盘皆输。

以通威股份为例，公司成功从饲料企业跨入新能源光伏领域。公司以水产饲料起家，后并购进入硅料、电池片等光伏产业，形成农业与新能源双轮驱动格局。借助在饲料领域积累的精细化管理基因，通威股份在成本控制上具备显著优势，使其成为硅料和电池片全球第一的光伏龙头企业。光伏业务已成公司的利润核心来源。通威股份充分利用老业务的管理积淀，实现新业务的快速增长，是典型的核心能力驱动型多元化发展成功案例。

需要注意的是，业务多元化也很容易走向失败。当公司拥有大量的自由现金流时，某些公司管理者并不愿意将这些资产反馈给股东，而更可能进行一些低收益或者甚至是价值贬损的跨行业并购，即实行多元化投资。因为如果将自由现金流以红利或其他形式回馈股东后，管理者将由于控制资金数量的减少而降低他们的诸多专有控制权。由于这种多元化投资的目的并不是股东价值最大化，因而这种情况引起的公司多元化往往破坏而不是创造了公司价值。

2.2 少数强者的游戏：提价

大部分企业的产品，尤其是制造业，比如电视、电脑、手机、微波炉、冰箱等，大部分情况下是不断降价的。这类企业必须不断扩大销量，价减量增，以量补价，才能实现业绩增长。只有少部分企业可以不断提高产品价格，这样即使销量没有增长，营业收入和利润也可以实现不断增长。其中，有些企业是通过单品提价来实现的，有些则是通过产品组合的优化来提升整体价格。

2.2.1　单品提价

很多食品饮料公司的产品都会不断提价，如绝味食品的鸭脖、涪陵榨菜的榨菜、重庆啤酒的啤酒、海天味业的酱油等。但是这些产品的涨价幅度较小，贵州茅台、五粮液这些高端白酒涨价幅度就很大（见下图）。

部分食品饮料公司吨价同比增速(2012—2019年)

吨价同比增速		2012	2013	2014	2015	2016	2017	2018	2019
600519.SH	贵州茅台	9%	20%	8%	-9%	-11%	-7%	22%	1%
000858.SZ	五粮液	16%	-8%	8%	-11%	5%	2%	25%	45%
000568.SZ	泸州老窖	1%	-20%	-41%	29%	25%	45%	33%	24%
002304.SZ	洋河股份	35%	-14%	1%	10%	3%	6%	22%	-1%
000596.SZ	古井贡酒	-14%	-8%	-2%	5%	1%	3%	26%	0%
600809.SH	山西汾酒	9%	-4%	-35%	14%	-9%	9%	2%	-27%
603369.SH	今世缘			-4%	5%	7%	22%	27%	1%
603589.SH	口子窖		9%	7%	4%	7%	9%	7%	7%
000860.SZ	顺鑫农业		-15%	-14%	-8%	2%	-19%	-29%	7%
600600.SH	青岛啤酒	1%	0%	-2%	3%	1%	0%	0%	5%
600132.SH	重庆啤酒	11%	2%	7%	7%	4%	6%	3%	3%
002461.SZ	珠江啤酒	6%	2%	0%	1%	1%	2%	5%	4%
600887.SH	伊利股份				1%	-1%	2%	5%	5%
600597.SH	光明乳业				-10%	0%	-4%	-1%	6%
603517.SH	绝味食品			7%	6%	0%	2%	8%	4%
002507.SZ	涪陵榨菜	12%	0%	17%	1%	6%	15%	5%	8%
603345.SH	安井食品			-5%	-8%	-5%	3%	1%	4%
603288.SH	海天味业	0%	3%	3%	3%	2%	5%	1%	-2%
600872.SH	中炬高新	9%	2%	-5%	2%	-1%	4%	2%	0%
603027.SH	千禾味业			2%	3%	2%	3%	3%	0%

数据来源：各公司公告。

另外，很多奢侈品也是不断涨价的，如爱马仕高档皮包、百达翡丽手表，还有一些中药和保健品：片仔癀、东阿阿胶等。贵州茅台酒一瓶上千元，也属于奢侈品。茅台酒不断提价，是贵州茅台业绩不断增长的重要原因。

贵州茅台以茅台酒为主导产品，是中国白酒的标杆企业。53 度普通飞天茅台是核心单品，长期保持高端定位，价格远高于竞品。2000 年以来，茅台通过定期适度提价，出厂价复合增长率达到 10% 以上。茅台在行业低谷期也保持业绩正增长。提价策略使茅台稳步提价，增强消费者对其品牌地位的认可，形成价格与品牌力的良性循环。产品不断提价策略是茅台实现多年高速增长的关键驱动力之一。

2.2.2 产品结构优化

对于制造和科技类产品来说，技术进步和规模效应会导致产品成本不断下降，很难像品牌消费品那样直接提升产品的价格。这类产品提价，一般通过提升高端产品占比来实现，比如做芯片的思特威。

思特威专注 CMOS 图像传感器芯片，产品广泛应用于安防、机器视觉等领域，在安防影像传感器出货量全球第一。公司通过持续推出高端产品，逐步实现产品结构升级，高端产品占比稳步提升，带动价格和毛利率提高。2018 年以来，公司营收快速增长，自 2020 年扭亏为盈，净利润增速超过营业收入增速。

2.3 并购：外延增长

前面的企业增长方式都是内生性增长，并购则是外延式增长的主要方式。对于产能过剩行业或者是企业主营业务多年不景气、公司对主营业务前景不看好，可以通过并购有前景的公司引入新业务来获得更好地发展。对于市场竞争比较激烈的行业，企业并购同行可以扩大市场份额，增强企业竞争力，降低交易成本，提高生产经营和分配效率。企业还可以通过并购产业链上下游企业来进行垂直整合，进行产业链延伸，获得更高的产品及原材料控制能力、减少上游原材料成本或者通过下游产品保证半成品的市场及增加产品价值。雀巢、达能等诸多世界知名企业的成长史，就是不断并购的历程。

不过，并购如同在人体内植入外界器官，很容易产生排斥反应，导致并购后的整合不顺利，并最终导致并购失败。A 股历史上曾在 2014—2015 年出现并购潮，这轮"并购潮"最终以资本盲目扩张、商誉减值爆雷、监管收紧并购政策收尾。因此，并购一个企业容易，但是要整合好却很难。连锁药房企业益丰药房通过不断并购中小药店获得了高速增长，而且进行了良好的整合消化，是一个成功的并购案例。

　　益丰药房 2015 年上市后，门店扩张速度明显加快，并购成为公司增长的重要驱动力。公司重点并购新兴药房等区域龙头企业，快速进入华北等新市场。收购后，公司迅速整合标的资源，新并购门店业绩获得大幅提升。益丰药房凭借成熟的并购整合能力，成功实现快速外延式增长，并购所带来的新增门店为公司贡献营业收入和利润。

2.4　降成本：提升利润率

　　一个家庭要积累财富，需要开源节流，企业也是如此。前面所有的增长聚焦在开源方面，降低成本则聚焦在节流方面，虽然不能提升公司的营收，但是可以提升公司的利润率，从而提升公司的净利润。企业降低成本有很多种方式：引入自动化设备提高自动化水平、精简组织架构和人员、优化生产工艺流程、进行产业链的前向整合和后向整合、提升信息化和数字化水平来提升管理效率。做光伏玻璃的福莱特就是综合运用多种方式来降低成本，成为行业中成本最低的企业之一，从而拥有了很强的竞争力，让公司业绩蒸蒸日上。

　　福莱特通过自产核心原材料、工艺技术创新、自研设备、扩大规模等方式，持续降低光伏玻璃的生产成本。公司垂直整合石英砂等上游资源，优化生产工艺，自主研发部分设备降低投资成本，并不断扩大规模发挥规模效应。在毛利率、产品单位成本等方面，福莱特处于行业领先水平。

第3章

基本面拐点的识别与确认

———————————◇———————————

公司收入和盈利转好的势头是使股价脱离泥沼的主要因素。我们时刻都在寻找积极变化的因素：新管理层，不断变化的市场，不断变化的监管环境，竞争态势的转变，只要预示着未来会有可靠且不断增加的盈利。我们需要能够先于别人预测到增长，这样才能以便宜的价格投资。

企业的运营过程可以简单理解为一个转换过程。企业通过投入资本、原材料、人力等各种生产要素，经过一系列复杂的生产流程后，最终输出产品和服务来满足客户需求。

具体来说，企业首先需要筹集资金，这些资金来源于股东投入、银行贷款或是自身积累。然后企业购买原材料、设备，聘请员工等，形成生产要素。接下来，这些生产要素进入复杂的生产流程，如采购、研发、生产、销售等多个环节，在每个环节都需要消耗资金和资源。最后，完成的产品和服务可以满足客户需求，客户支付的费用就是企业的营收收入。

通过观察这个运营流程，可以判断企业基本面是否发生重大变化。如果企业能够以更低的成本获得更高质量和数量的生产要素，那么生产成本会下降，利润空间会增加。如果企业在生产流程中采用了更先进的技术和管理模式，产能和效率会提高，那么企业可以以更快的速度和更低的成本满足更多客户的需求，营业收入就会增长。

判断企业基本面是否会到来，总的原则就是看企业的生成要素投入端（人力、费用、厂房、土地等），是否在未来会产生积极影响。

1. 在建工程

在建工程是指企业尚未完工的固定资产投资项目。具体来说，它包括企业为扩大生产规模、提高生产效率、改善产品质量、降低生产成本等目的而进行的新建、扩建、改建等各类在建中的固定资产项目。在建工程在企业资产负债表中作为长期资产的一个重要组成部分，反映了企业未来的发展方向和投资规划。

以 A 股上市公司某公司为例。根据该公司 2022 年年报，其在建工程总额为 15 亿元。这些在建工程主要包括新建乳品厂、饮料生产线、食品加工厂等项目。某公司的这些在建项目旨在扩大公司生产能力，提高产品质量，以满足市场需求。

在建工程反映了企业未来的投资计划和发展方向。可以从以下几个方面来判断企业的成长潜力：

（1）在建工程规模。一般来说，企业在建工程的规模越大，说明公司对未来发展的投入更加充足，具有更强的扩张力度。投资者可以通过对比同行业企业的在建工程规模，以评估企业的发展潜力。此外，如果将企业今年的资产负债表与去年的对比，可以看到在建工程的金额有显著增加，这也表明该公司正在继续投资和扩大业务，这是其未来成长潜力的另一个积极信号，可以作为未来是否可能迎来基本面拐点的一个线索。

（2）除了在建工程规模以外，还需要关注在建工程的结构和质量。投资者应关注企业在建工程是否符合行业发展趋势，以及是否能够提高企业的竞争优势。例如，高技术含量、环保节能、降低成本的项目将有助于企业在市场竞争中立于不败之地。

（3）在建工程的进度对企业产生收益的时间节点具有重要影响。投资者需要关注企业在建工程的进度是否符合预期，以及是否具备按时完工的能力。项目进度的延误可能导致企业未来收益的降低，甚至可能导致在建工程的闲置和资产减值。

在建工程会在公司年报的附注中有比较详细的披露（见下表）。

单位：元　币种：人民币

项　目	期末余额			期初余额		
	账面余额	减值准备	账面价值	账面余额	减值准备	账面价值
古晋隆基拉晶二期	891 368 333.47		891 368 333.47			
西咸年产 29GW 高效单晶电池项目	824 336 224.41		824 336 224.41	901 846.05		901 846.05
泰州 4GW 电池项目	706 641 905.65		706 641 905.65			
宁夏乐叶中·银川 5GW 电池项目	555 133 596.00	14 439 373.93	540 694 222.07			
泰州 Hi-Mo 6 组件改造项目	379 831 272.95		379 831 272.95	97 801 573.75		97 801 573.75
西安航天基地一期年产 7.5GW 单晶电池项目	196 324 346.05		196 324 346.05	219 677 093.52		219 677 093.52
嘉兴隆基光伏 10GW 组件项目	190 188 096.66		190 188 096.66			
越南电池 G2 车间 M10 升级改造	179 068 431.18		179 068 431.18			
西安经开区 B3 组件车间	149 227 235.42		149 227 235.42			
滁州一期 Hi-Mo 6 组件改造项目	101 071 058.90		101 071 058.90			
滁州一期 M10 改造项目	54 799 823.39		54 799 823.39			
西安泾渭新城年产 5GW 单晶电池项目	66 953 994.61		66 953 994.61	66 709 774.06		60 709 774.06
宁夏 3GW 电池项目	52 049 468.64		52 049 468.64			
曲靖隆基 10GW 硅棒、硅片一期项目	44 383 148.34		44 383 148.34	243 602 748.65		243 602 748.65

数据来源：隆基绿能 2022 年年报。

不仅可以看到每个在建工程情况，还可以看到重要在建工程项目本期变动情况（见下表）。

单位：元 币种：人民币

项目名称	预算数	期初余额	本期增加金额	本期转入固定资产金额	本期其他减少金额	期末余额	工程累计投入占预算比例（%）	工程进度（%）	利息资本化累计金额	其中：本期利息资本化金额	本期利息资本化率（%）	资金来源
古晋隆基晶二期	1 609 149 432.55		964 660 498.21	73 292 164.74		891 368 333.47	59.95	42.00%				自筹资金
西藏年产29GW高效单晶电池项目	6 251 428 200.00	901 846.05	1 697 676 686.38	846 705 227.26	27 537 080.76	824 336 224.41	35.00	50.00%				募集资金+自筹资金
泰州4GW电池项目	1 065 800 000.00		774.109 152.64	67 467 246.99		706 641 905.65	72.63	60.00%				募集资金+自筹资金
宁夏乐叶银川5GW电池项目	2 873 280 000.00	97 801 573.75	1 031 751 269.17	518 909 647.22	55 509 599.70	555 133 596.00	72.86	84.94%				自筹资金
泰州Hi-Mo6组件改造项目	843 180 000.00		438 889 583.37	58 143 218.29	915 092.13	379 831 272.95	52.05	42.71%				自筹资金
西安航天基地一期年产7.5GW单晶电池项目	1 915 730 000.00	219 677 093.52	405 859 378.96	1372 280 815.83	56 931 310.60	196 324 346.05	85.85	95.00%				自筹资金
嘉兴隆基光伏10GW组件项目	1 219 019 300.00		199 696 932.48	9 205 751.82	303 084.00	190 188 096.66	16.38	11.00%				募集资金+自筹资金

续上表

项目名称	预算数	期初余额	本期增加金额	本期转入固定资产金额	本期其他减少金额	期末余额	工程累计投入占预算比例（%）	工程进度	利息资本化累计金额	其中：本期利息资本化金额	本期利息资本化率（%）	资金来源
越南电池 G2 车间 M10 升级改造	728 060 000.00		179 068 431.18			179 068 431.18	24.60	24.60%				自筹资金
西安经开区 B3 组件车间	291 423 742.00		182 321 107.44	33 093 872.02		149 227 235.42	62.56	85.00%				自筹资金
滁州一期 Hi-Mo 6 组件改造项目	181 493 200.00		179 859 870.71	78 788 811.81		101 071 058.90	87.06	90.00%				自筹资金
西安泾渭新城年产 5GW 单晶电池项目	2 142 590 000.00	60 709 774.06	171 659 127.48	97 985 132.68	67 429 774.25	66 953 994.61	98.10	99.83%				募集资金
滁州一期 M10 改造项目	238 810 000.00		235.926 488.52	179 845 359.60	1 281 305.53	54 799 823.39	98.79	100.00%				自筹资金
宁夏 3GW 电池项目	1 238 890 000.00		627 827 741.55	575 778 272.91		52 049 468.64	50.68	54.83%				自筹资金
曲靖隆基 10GW 硅棒、硅片一期项目	2 200 000 000.00	243 602 748.65	95 873 942.75	284 561 262.60	10 532 280.46	44 383 148.34	59.03	59.03%				自筹资金

数据来源：隆基绿能 2022 年年报。

本期计提在建工程减值准备情况（见下表）。

单位：元　币种：人民币

项　目	本期计提金额	计提原因
陕西乐叶 5GW 单晶电池项目	39 859 187.77	事故损失
宁夏乐叶-银川 5GW 电池项目	141 439 373.93	事故损失
香河建材城分布式电站项目	10 156 785.32	项目停建
德林重工分布式电站项目	6 675 130.97	项目停建
合计	71 130 477.99	/

数据来源：隆基绿能 2022 年年报。

（4）投资者应关注企业在建工程的预期盈利能力，以评估企业未来的盈利增长潜力。投资者可以通过查阅企业财务报告、行业研究报告等资料，了解在建工程的预期收益率、投资回报期等指标，从而判断企业的成长潜力。

（5）企业在建工程的融资情况也是一个重要的考量因素。投资者需要关注企业是否有足够的资金来源支持在建工程的投资，以及企业的负债水平是否合理。过高的负债可能导致企业在资金压力下降低在建工程的投资，甚至导致项目延期或中止，从而影响企业的成长潜力。

不过，仅仅拥有大量的在建工程并不一定意味着企业具有良好的成长潜力。在判断企业成长潜力时，还需要考虑其他因素，例如，企业的财务状况、市场环境和竞争情况等。如果企业负债累累并面临激烈竞争，即使有大量的在建工程，也不一定能保证未来会迎来基本面拐点。

3.1　财务报表

企业有三项基本活动：经营、投资、融资。这些活动体现在资产负债表、现金流量表、利润表这三张报表上（见下表）。资产负债表如同果树，现金流流量表、利润表如同果实。通过资产负债表可以发现企业拐点的诸多线索，然后可以通过现金流流量表、利润表来进行确认。

增长方式	资产负债表	现金流量表	利润表
核心增长	固定资产、无形资产。存货。联营公司和投资公司的长期股权投资。长期经营资产：固定资产、在建工程、无形资产、研发支出。周转性经营投入：存货、应收账款	股权融资：股东权益。债务融资：短期借款、长期借款	销售渠道。广告投入。研发费用
提价	/	/	毛利率净利率
并购	商誉增加	/	/
降成本	/	/	销售费用率、管理费用率
商业模式重构	/	经营现金流	收入和利润

在第 2 章，企业增长的几种主要方式，都可以在财务报表中体现。因此，识别上市公司基本面拐点最关键的是看财务报表，然后辅之以新闻、公告等其他信息。

3.1.1 资产负债表

一个企业的总资产增速连续三年大于10%，表明企业有扩张意愿，然后可通过在建工程、存货等具体财务指标来判断企业是否会迎来重大业绩提升。

1. 固定资产

固定资产是企业持有并用于生产、办公或出租的长期资产，通常包括土地、建筑物、设备、机器等，这些资产通常在企业的生产和运营过程中发挥作用。简单来说，固定资产就是企业为实现长期生产目标而购置的长期资产。这些资产通常会在几年或更长的时间内使用，并且它们的价值会随着时间的推移而逐渐减少。

以 A 股某制药公司为例。在其最近发布的年度财务报表中，固定资产包括以下几个部分：

（1）土地和建筑物：公司生产基地的土地和厂房。

（2）设备和机器：生产线上的制药设备、实验室里的研究设备等。

（3）交通工具：公司用于运输原材料和产品的车辆。

（4）其他固定资产：如办公家具等。

通过固定资产判断企业的成长潜力，需要关注以下几个方面：

（1）固定资产的规模与行业地位：一个企业的固定资产规模可以反映其在行业中的地位。拥有较多固定资产的企业通常具有较强的生产能力和市场竞争力。在这方面，可以关注企业的固定资产占总资产的比例，以及同行业其他公司的比较。

（2）固定资产投资：企业的固定资产投资，如购置新设备、扩建厂房等，反映了企业未来业务发展的信心和计划。投资者可以通过观察企业固定资产的增长，了解企业是否在积极扩张和提升产能。企业的固定资产增长越高，说明企业有更多的生产能力和生产资本，这也为企业未来的成长提供了更多的机会。这也表明企业有更多的机会扩大市场份额并实现盈利增长。然而，如果企业投资过多，可能会导致企业财务负担过重，影响企业的盈利能力。

（3）固定资产折旧：固定资产会随着使用时间的推移而逐渐折旧。折旧较快的固定资产可能表明企业需要较高的维护成本，或者需要较快地更新设备。投资者可以关注企业固定资产折旧率，以了解企业资产的使用效率和更新需求。

（4）固定资产周转率：是一个反映企业固定资产使用效率的指标。计算公式为：

$$固定资产周转率 = 营业收入 \div 固定资产净值$$

较高的固定资产周转率表明企业能更有效地利用固定资产创造收入。投资者可以关注固定资产周转率的变化趋势，以了解企业资产利用效率的提升。

在使用固定资产判断企业成长潜力时，需要注意以下几点：

（1）行业差异：不同行业的固定资产结构和规模可能有很大差异。在比较企业时，应关注同行业的公司，避免产生误导。

（2）财务报表的可靠性：财务报表数据是分析的基础，投资者应确保所参考的财务报表来自可靠来源，如企业官方披露的年报、季报等。

（3）考虑企业固定资产的质量和维护情况：如果企业的固定资产质量高、维护得当，就能够提高企业的生产效率和盈利能力，从而促进企业的成长。相反，如果企业的固定资产质量低、维护不当，就可能导致生产效率低下，从而影响企业的盈利能力和成长潜力。

2. 存货

存货是企业用于生产和销售的原材料、半成品、产成品等资产的总和。它反映了企业生产和销售的周期，同时也体现企业的成长潜力。比如，一家电子公司，在其最近发布的年度财务报表中，存货包括以下几部分。

（1）原材料：用于生产电子产品的各种零部件。

（2）在产品：已经开始生产但尚未完成的电子产品。

（3）成品库存：已经生产完成但尚未销售出去的电子产品。

（4）商品库存：采购回来用于销售的他人生产的电子产品。

如果企业的存货增加，说明企业正在扩大生产，销售也在增加；如果存货下降，说明生产和销售都在放缓。

以一家 A 股 X 公司为例。2019 年 X 公司的存货为 280 亿元，营业收入为 1 200 亿元。2020 年 X 公司受疫情影响，营业收入下降至 1 000 亿元，但存货却上升至 320 亿元。这说明 X 公司加大了生产，预期后续销售会回暖，企业成长前景乐观。如果 2021 年 X 公司的营业收入恢复至 1 200 亿元，存货也随之下降，说明企业的拐点已经出现，基本面开始见底转好。

通过存货判断企业基本面是否迎来拐点，需要关注以下几个方面。

（1）存货规模与销售收入关系：存货规模通常与企业的生产和销售活动密切相关。如果存货规模持续增长，而销售收入没有相应增长，可能表明企业面临产品滞销问题。此时投资者要关注企业的库存周转率，判断是否存在基本面恶化的风险。

（2）存货成本控制：企业在生产过程中需要对存货成本进行有效控制。如果存货成本持续上升，可能会对企业的利润产生负面影响。投资者可以关注企业的存货成本占比，以判断企业在成本控制方面是否存在问题。

（3）行业环境变化：企业的存货水平受到行业环境的影响。当行业供应链出现紧张时，企业可能会提高存货水平以应对潜在风险。投资者应关注行业环境变化，判断企业存货水平的变化是否与行业趋势一致。

（4）产品创新与市场需求：企业的存货水平也受到产品创新和市场需求的影响。当企业推出新产品时，存货水平可能会暂时上升。投资者应关注企业的产品创新情况，以区分存货水平上升是由于市场需求增长还是产品创新所致。

（5）存货周转天数：如果存货周转加快，说明企业销售能力提高，现金流会改善；如果存货周转减慢，可能面临滞销风险。

（6）存货构成：原材料和产成品存货增加，说明生产在扩大；如果半成品存货增加，可能存在生产效率问题。

（7）同行业公司存货变化对比，如果整个行业存货都在增加，市场前景还不错；如果只有个别公司存货增加，面临发展不及行业平均水平的风险。

注意：不同行业的存货结构和规模可能有很大差异。在比较企业时，应关注同行业的公司，避免产生误导。

3. 应收账款

应收账款是企业在销售商品或提供劳务后，尚未收到对方支付的款项。通常企业在向客户销售商品或提供服务时，会允许客户在一定期限内进行付款。这种在往来交易中产生的未收款项称为应收账款。

以 A 股上市公司 Y 为例。在其最近发布的年度财务报表中，应收账款主要包括以下几个部分。

（1）应收票据：企业出售商品或提供服务后，客户开具的商业承兑汇票。

（2）应收账款：企业出售商品或提供服务后，客户承诺在约定期限内支付的款项。

（3）预付账款：企业为购买原材料、商品等支付的预付款项，但尚未收到对应的货物或服务。

通过应收账款判断企业基本面是否迎来拐点，需要关注以下几个方面。

（1）应收账款规模与销售收入关系：应收账款规模通常与企业的销售活动密切相关。如果应收账款规模持续增长，而销售收入没有相应增长，可能意味着企业面临客户拖欠款项的风险。此时，投资者要关注企业的应收账款周转率，判断企业的财务状况是否存在恶化的风险。

（2）应收账款的质量：企业在财务报表中通常需要对应收账款进行坏账准备。如果企业的坏账准备持续增长，可能意味着应收账款质量下降。投资者应关注企业的坏账准备比例，以判断企业信用风险是否加大。

（3）行业环境变化：企业的应收账款水平受到行业环境的影响。当行业整体信用状况恶化时，企业的应收账款水平可能会上升。投资者应关注行业环境变化，判断企业应收账款水平的变化是否与行业趋势一致。

（4）信用政策与宏观经济因素：企业的应收账款水平受到信用政策和宏观经济环境的影响。在宽松的货币政策下，企业可能会增加应收账款；而在紧缩的货币政策下，企业可能会减少应收账款。投资者应关注信用政策和宏观经济走势，以更全面地判断企业基本面拐点。

4. 预收账款和合同负债

预收账款和合同负债都是公司财务报表中的重要科目，但是它们代表的含义和计算方法是不同的。预收账款是指公司已经收到的但还未提供对应产品或服务的款项，它是一种资产，代表公司未来的收入。而合同负债是指公司已经签订合同但还未履行完毕的义务，它是一种负债，代表公司未来需要支付的费用。预收账款通常是由客户预付货款或服务费用产生的，而合同负债通常是由公司签订合同后需要支付的费用产生的。

"预收账款"的概念并不强调和已成立与客户之间的合同，在合同成立前已收到的对价不能称为合同负债，但仍可作为预收账款。合同一旦正式成立，又要将预收账款转入合同负债。二者都是先收钱再提供商品。

预收账款和合同负债重要的区别是：以履约义务相关性为前提，当预收账款尚未被企业收取时，如果能够认定企业对这笔款项有无条件收取的权利，企业仍然应该对此确认合同负债。

预收账款和合同负债是客户预先支付的账款，反映了企业未来一定期间的销售收入。如果预收账款和合同负债增加，说明企业销售前景向好，客户信心提高；如果预收账款和合同负债下降，销售或面临下滑的风险。

以 A 股一家 Y 公司为例。2019 年 Y 公司预收账款为 20 亿元，2020 年 Y 公司受疫情影响，营业收入下降 30%，但预收账款却上升至 25 亿元。这说明尽管当前销售下滑，但客户对 Y 公司未来销售仍然信心十足，预期企业业绩会改善。如果 2021 年 Y 公司的营业收入实现 30% 的增长，预收账款也随之下降，说明企业基本面已见拐点转好，客户信心得到验证。

判断企业潜力需要注意以下几方面。

（1）预收账款和合同负债占销售收入的比例，如果该比例偏高或快速上升，表示企业销售信用度提高，但也存在资金占用风险；如果该比例持续下降，企业的转嫁价值能力可能面临下降风险。

（2）与同行业对比，如果整个行业的预收账款和合同负债都在增加，说明市场前景乐观；如果只有个别公司预收账款上升，可能面临发展滞后于行业的风险。

（3）预收账款的构成，如果预收账款和合同负债主要来自大客户，依赖度高，面临客户信用风险；如果来自中小客户，风险较分散。

3.1.2　现金流量表

贵州茅台的现金流量表非常简单，可以作为学习现金流量表分析的案例。由下页图可以看到，贵州茅台的经营现金流为正，说明经营状况良好；投资现金流为负，说明已经不需要大的投资支出了；筹资活动现金流为负，因为公司没有什么负债，分红很多，完全不需要进行融资，下面分别进行介绍。

	2022年年报	2021年年报	2020年年报	2019年年报	2018年年报	2017年年报	2016年年报	2015年年报	2014年年报	2013年年报	2012年年报
一、经营活动产生的现金流量:											
销售商品、提供劳务收到的现金(亿元)	1,406.92	1,193.21	1,070.24	949.80	842.69	644.21	610.13	370.83	333.89	332.34	289.12
经营活动现金流入小计(亿元)	1,378.16	1,316.21	1,135.11	994.44	893.46	673.69	672.79	400.14	354.88	367.13	293.00
买商品、接受劳务支付的现金(亿元)	83.58	77.46	77.31	55.22	52.99	48.76	27.73	29.68	28.39	31.57	27.07
支付给职工以及为职工支付的现金(亿元)	7.24	4.84	29.79	0.13	8.03		-0.28	0.42	-0.52	-0.60	0.91
支付的各项税费(亿元)	130.38	5.59	-25.06	-45.03	9.21	87.27	22.40	-8.48	-5.02	31.93	
经营活动现金流出小计(亿元)	117.52	100.61	81.62	76.70	56.33	54.90	46.74	45.37	33.94	31.36	28.98
收到的税费返还(亿元)	620.43	446.10	416.23	388.41	320.12	230.66	175.11	140.03	144.96	125.31	101.71
支付其他与经营活动有关的现金(亿元)	51.23	43.69	40.47	53.15	29.36	24.26	23.71	18.67	26.17	19.44	15.47
经营活动现金流出小计(亿元)	1,011.17	675.92	618.42	542.34	479.60	452.16	298.28	225.78	228.55	240.58	173.79
经营活动产生的现金流量净额(亿元)	366.99	640.29	516.69	452.11	413.85	221.53	374.51	174.36	126.33	126.55	119.21
二、投资活动产生的现金流量:											
投资活动现金流入小计(亿元)	0.11	0.19	3.22	0.07	0.11	0.21	0.06	1.06	1.25	7.59	3.55
构建固定资产、无形资产和其他长期资产支付的现金(亿元)	53.07	34.69	20.90	31.49	16.07	11.25	10.19	19.61	54.06	54.86	42.12
支付其他与投资活动有关的现金(亿元)	2.10	21.50	0.20	0.00	0.00	0.00	0.00	0.00	0.00	0.00	
投资活动现金流出小计(亿元)	55.48	55.82	21.27	31.73	16.40	11.42	11.08	21.55	47.05	60.99	45.54
投资活动产生的现金流量净额(亿元)	-55.37	-55.62	-18.05	-31.66	-16.29	-11.21	-11.03	-20.49	-45.80	-53.39	-41.99
三、筹资活动产生的现金流量:											
筹资活动现金流入小计(亿元)				8.33		0.16	0.22	1.02	0.06	3.52	
分配股利、利润或偿付利息支付的现金(亿元)	573.70	264.76	240.91	201.17	164.41	89.05	83.51	55.54	51.22	73.92	43.07
其中:子公司支付给少数股东的股利、利润(亿元)	26.19	26.27	27.04	18.54	26.22	3.79	5.32	5.13	5.80	6.32	
筹资活动现金流出小计(亿元)	574.25	265.64	241.28	201.17	164.41	89.05	83.51	56.10	51.44	73.92	43.07
筹资活动产生的现金流量净额(亿元)	-574.25	-265.64	-241.28	-192.84	-164.41	-88.99	-83.35	-55.88	-50.41	-73.86	-39.15
四、汇率变动对现金及现金等价物的影响(亿元)	0.01	-0.62	0.00	0.00	0.00		0.00	-0.16	0.00	0.00	
五、现金及现金等价物净增加额(亿元)	-262.62	319.00	257.37	227.61	233.15	121.33	280.14	97.83	30.05	0.00	38.07
加:期初现金及现金等价物余额(亿元)	1,786.41	1,467.41	1,210.04	982.43	749.28	627.95	347.80	249.97	219.92	220.62	182.15
六、期末现金及现金等价物余额(亿元)	1,523.79	1,786.41	1,467.41	1,210.04	982.43	749.28	627.95	347.80	249.97	219.92	220.62

数据来源:东方财富 Choice 数据。

(1)经营活动现金流量:经营活动现金流量反映了企业主营业务的现金收入和现金支出情况。如果经营活动现金流量持续增加,这通常表明企业经营状况良好,未来有很大的发展潜力。相反,如果经营活动现金流量持续下降,表明企业经营状况不佳,未来的发展潜力可能会受到限制。

如果经营活动现金流量远大于投资活动现金流出,说明企业的主营业务创造的现金流不仅能满足经营需要,还有较大余额投入到新的投资项目,这也反映企业基本面良好,发展前景乐观。

(2)投资活动现金流量:投资活动现金流量反映了企业在购置和出售固定资产、股权和债权等方面的现金流动情况。当投资活动现金流为正时,说明企业投资活动产生的现金流入大于现金流出,可能表明企业在出售资产或减少投资;当投资活动现金流为负时,说明企业投资活动产生的现金流出大于现金流入,表明企业在加大投资力度,具备较好的成长潜力。对于高科技行业、制造业等资本密集型行业来说,投资活动现金流尤为重要。仅关注投资活动现金流并不能完全反映企业的投资效果。投资者应关注投资项目的收益,如投资回报率、投资产出比等指标,从而更全面地评估企业的成长潜力。

(3)筹资活动现金流量:筹资活动现金流是企业在一个会计周期内筹集和归还资金产生的现金流量。简单来说,筹资活动现金流反映了企业在一段时间内通过发行股票、债券或者从银行获得贷款等方式筹集到的资金净额。当企业需要进行扩张、投资或者偿还债务时，筹资活动现金流就会发生变化。如果筹资活动现金流量持续为负，说明企业运营不依赖于外部融资，主要依靠自身经营活动创造的现金流来满足资金需要，这表明企业的财务结构较为稳健，企业可能正处于成熟或者衰退阶段。如果筹资活动现金流量为正，且有较大增长，说明企业有较强的筹资能力，可能是在为企业的未来发展来准备充足的资金支持。这种情况通常说明企业正处于成长阶段，具有较大的发展潜力。

企业筹资的原因不同，对企业的成长潜力影响也有所不同。例如，企业筹资用于扩张生产、研发创新等方面，往往有利于企业的长期发展；而筹资用于偿还债务、回购股票等方面，则可能对企业的成长潜力产生负面影响。因此，投资者需深入分析企业筹资的原因，以更准确地判断其成长潜力。

3.1.3 利润表

利润表是企业财务报表的重要组成部分，反映了企业在一定时期内的收入、成本和利润等状况。通过对利润表的分析，投资者可以确认企业基本面是否迎来拐点，以及未来是否存在很大的发展潜力。投资者可以重点关注利润表中的几个关键指标。

（1）营业收入：营业收入反映了企业在一定时间内通过销售产品或提供服务所获得的收入。持续增长的营业收入通常说明企业的市场需求稳定，具有较好的发展潜力。

（2）毛利率：毛利率等于（营业收入–营业成本）÷营业收入。毛利率反映了企业产品或服务的盈利能力。若毛利率持续提高，可能表明企业的盈利能力在增强，具有发展潜力。

（3）净利润：净利润是企业在一定时期内实现的净收益。净利润的增长通常被视为企业基本面改善的明显迹象。

（4）净利润率：净利润率等于净利润÷营业收入。净利润率反映了企业实现净利润的能力。若净利润率持续增长，可能表明企业的盈利能力在提高，具有较好的发展潜力。

但是，收入和利润其实都是基本面拐点带来的结果，更多的是用来确认企业的基本面拐点是否定到来。想要提前在业绩好转之前进行预判，利润表中的研发费用和营销费用具有一定前瞻性。

研发费用是企业在一定时间内为开发新产品、新技术、新服务等所投入的经费。研发费用包括人员薪酬、原材料、试验设备等相关费用。投资于研发的企业往往具有较强的创新能力和市场竞争力，从而为企业带来长期收益。

以 A 股某上市公司为例，该公司在某年一季度的利润表中，研发费用占营业收入的比重为 10%。这个比例表明该企业注重技术创新，愿意投入资金和人力资源来提高产品和服务的质量，同时也表明该企业在未来可能会有更好的发展潜力。

如何通过研发费用来判断企业的成长潜力呢？

（1）研发费用占收入比例：研发费用占营业收入的比例越高，说明企业对研发投入的重视程度越高。长期投入研发的企业往往具有较强的创新能力和市场竞争力，具备较好的成长潜力。

（2）研发费用同比增长：观察研发费用的同比增长情况。若研发费用持续增长，可能表明企业在扩大研发投入，有望实现技术突破，具备较好的成长潜力。

（3）研发费用占总成本比例：分析研发费用占企业总成本的比例。较高的比例表明企业在研发方面具有较强的投入意愿，有望实现技术创新和业务拓展。

此外，研发方向和项目也非常值得关注。如果企业目前研发的项目是未来的产业发展趋势，是可以打破国外垄断的高精尖领域，有很好的市场潜力和空间，那么一旦研发项目完成，产品正式上市，可能就会迎来基本面拐点。

需要注意的是，研发费用并不是越高越好。如果企业的研发费用占比过高，会导致企业的短期利润下降，甚至出现亏损。因此，投资者需要综合考虑企业的财务状况、市场地位、行业竞争等因素来判断研发费用是否合理。

如何通过研发费用来判断企业的成长潜力呢?

营销费用是企业在一定时间内为扩大市场份额、提高品牌知名度、增强产品竞争力等目的所投入的费用。营销费用包括广告宣传费、市场调研费、促销活动费等相关费用。投资于营销的企业往往具有较强的市场竞争力和品牌价值,从而为企业带来长期收益。

以 A 股上市 X 公司为例,X 公司是一家以中药为主业的医药企业。根据公司 2020 年年报,X 公司的营销费用为 4.89 亿元,占当期营业收入的比例为 17%,较 2019 年的 8% 大幅上升。这表明公司高度重视市场营销投入,可能具备较大的成长潜力。

营销费用占收入比例:营销费用占营业收入的比例越高,说明企业对市场营销投入的重视程度越高。高度重视市场营销的企业往往具有较强的市场竞争力和品牌价值,具备较好的成长潜力。

营销费用同比增长:观察营销费用的同比增长情况。若营销费用持续增长,表明企业在扩大市场推广投入,有望提高市场份额和品牌知名度,具备较好的成长潜力。

使用营销费用判断企业成长潜力时,需要结合行业特点。对于消费品行业、互联网行业等市场竞争激烈的行业来说,营销投入尤为重要。投资者应根据行业特点合理判断营销费用的合理水平。同时,企业规模对营销费用的影响需要考虑。一般来说,大型企业的营销费用可能相对较高。投资者需结合企业规模,对营销费用进行合理评价。仅关注营销费用并不能完全反映企业的市场竞争力。投资者还要关注市场反馈,如市场份额、品牌知名度、客户满意度等方面的表现。

3.1.4 如何进行量化分析

现在 A 股股票数量有 5 000 多只。怎么从海量数据中快速捕捉到企业基本面拐点的线索呢?

　　首先，必须有一个上市公司数据库。可以使用东方财富 Choice、Wind、同花顺 iFind 等金融数据终端。下面以东方财富 Choice 为例进行操作，其他同类数据库操作方法类似。

　　打开股票数据浏览器。在东方财富 Choice 中单击"股票"菜单栏，选择"多维数据"选项。单击"股票数据浏览器"左下半部分，选择沪深京股票下面的市场类"全部 A 股"双击，即可选择全部 A 股股票（见下面两图）。

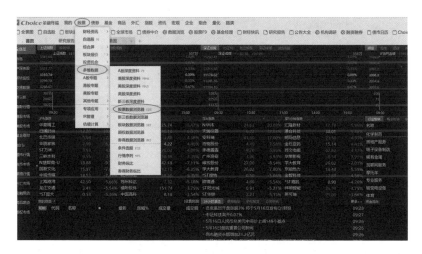

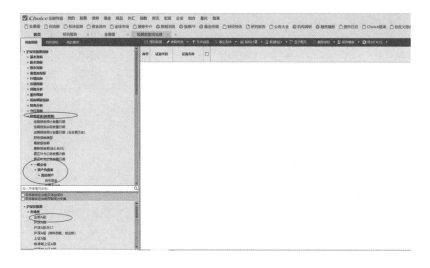

　　在左上栏待选指标中找到"沪深京股票指标"—"财务指标（新准

则)"—"一般企业",其中有资产负债表、利润表和现金流量表的各项数据,选择资产负债表中的在建工程、存货、应收账款、预收款项、合同负债等指标,选择利润表中的研发费用、销售费用等指标,选择现金流量表中的构建固定资产、无形资产和其他长期资产支付的现金等指标,即可获得这些财务指标的数据(见下图)。

然后选择右上角的"导出 EXCEL"选项,将所有数据导出到 Excel 表格文件中,然后利用 Excel 的数据分析功能来查看哪些企业这些指标最近有大幅增长(见下图)。

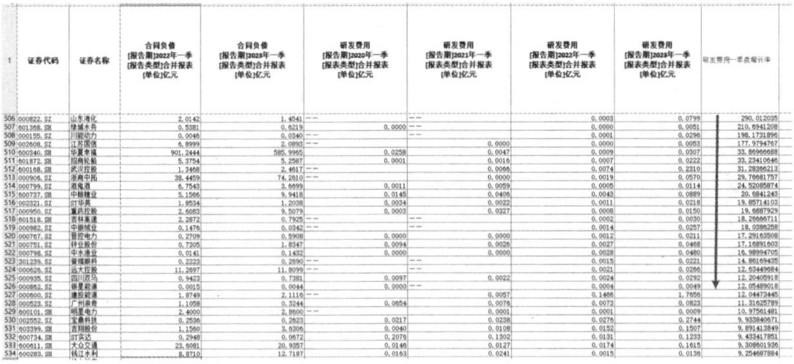

比如,新建一个列"研发费用一季度增长率",计算企业 2023 年一季度研发费用相对于 2022 年一季度研发费用的增长情况,然后从高到低进行

排序。当然，不一定增长率越大越好。但这个可以作为过程中的重要线索。可以筛选出增长率大于 2（也就是200%）的 278 家企业，先快速排除掉一些明显不靠谱的，然后一个个快速查看，去判断企业是否可能存在重大拐点，最后可能筛选出 10 余家，再进一步深入研究，最终可能会挑出一两家。

3.2 公司年报和公告

公司年报和公告是获取上市公司信息最核心、最关键的资料，里面有非常多可以挖掘的地方。

3.2.1 技术突破

以隆基绿能 2022 年年报为例，"研发投入"详细说明了公司在技术研发方面取得的进展（见下图）。

2022 年年度报告

√适用 □不适用

报告期内，公司以技术领先、服务客户需求为导向，保持高水平的研发投入力度，积极开展高效产品技术研发和量产转化。在拉晶和切片方面，持续开展降本增效工艺研究，提升产品品质和客户端性能表现，开发了满足不同高效电池技术路线的硅片产品；在电池和组件方面，报告期内七次刷新电池转换效率研发纪录，在产业化新型高效电池、组件原创技术研发及产业化成果转化方面均取得持续性突破。公司研发的硅异质结电池效率经德国 ISFH 认证突破 26.81%，创造了继 2017 年以来的晶硅电池最新世界纪录，也是首次由中国光伏企业创造的硅电池效率世界纪录。自主研发的高效 HPBC 技术电池量产转换效率超过 25%，基于 HPBC 技术的 Hi-MO 6 组件产品转换效率最高可达 23.2%，以科技创新夯实了公司高效技术和产品储备，持续保持行业领先的研发实力。

(4). 研发人员构成发生重大变化的原因及对公司未来发展的影响
√适用 □不适用

公司拥有 1 个国家级企业技术中心和 8 个省级技术中心，截至报告期末，公司从事与研发及技术创新工作相关的人员合计 4,036 人，占公司员工总数的比例为 6.66%。公司持续引进高端科研人才，加大研发力度，构建光伏技术创新平台，为保持领先的技术研发能力提供了有力的人才

企业的技术发明和专利可以是判断企业是否出现基本面拐点的重要线索之一。

专利数量的增长可以表明企业在技术研发方面的投入增加，而专利质量的提高则可能意味着企业的技术创新水平有所提高。如果企业在短时间内获得了大量高质量专利，这可能表明企业正在迎来技术上的重大突破，从而改变了其基本面。

如果企业正在投入研发的技术方向与当前重大产业趋势相符，那么这可能会带来更好的商业机会和前景。如果企业正在追求未来领域的技术创新，表明企业正在朝着更具前瞻性的方向发展。

可以比较企业的专利申请和竞争对手的专利申请。如果某个企业在某个领域的专利数量增长速度高于竞争对手，表明该企业正在该领域获得更大的市场份额或技术优势。

如果企业获得一项或多项重大技术突破和发明，可以带来产品更新换代和性能大幅提升，或者企业的技术创新有望颠覆整个行业，改变行业格局，这可能标志着企业基本面出现重大转机。

3.2.2　重大合同

以隆基绿能 2022 年年报为例，年报中有"重大采购合同、重大销售合同的履行情况"这一部分披露重大合同情况（见下表）。

单位：亿元　币种：人民币

合同标的	对方当事人	合同总金额	合计已履行金额	本报告期履行金额	待履行金额	是否正常履行	合同未正常履行的说明
单晶硅片	通威太阳能（成都）有限公司及其指定关联方	/	159.00	76.28	/	是	不适用

注：以上履行金额不含税，包含受托加工硅片；以上合同为长单框架协议，采取定量不定价的方式，合同执行期间为 2020—2022 年，截至报告期末已执行完毕。

单位：亿元 币种：人民币

合同标的	对方当事人	合同总金额	合计已履行金额	本报告期履行金额	待履行金额	是否正常履行	合同未正常履行的说明
多晶硅料	新特能源股份有限公司	/	52.72	32.92	/	是	不适用
多晶硅料	内蒙古大全新能源有限公司	/	0	0	/	是	不适用
多晶硅料	通威股份有限公司子公司	/	214.75	214.75	/	是	不适用

注：以上履行金额不含税；以上合同为长单框架协议，采取定量不定价的方式；受硅料价格波动较大影响，报告期内公司与新特能源股份有限公司的合同履约量小于合同约定，双方已协商。

合同金额和规模：关注企业最近签订的重大合同金额和规模。如果合同金额和规模较大，且对公司总收入贡献显著，可能预示着企业未来业绩大幅增长。

合同客户类型：关注企业签订的重大合同客户的类型。如果企业能与行业领导者或大型客户达成合作，可能提升企业的市场地位和品牌价值，从而有望实现业绩拐点。另外，如果企业获得的新合同中，有较大比例来自新客户或覆盖企业以往少涉及的新产品、新技术或新领域，这表明企业正在打开新市场和业务空间，有利于企业跨越既有发展瓶颈，实现基本面的突破。

合同期限：关注重大合同的期限。较长期限的合同可能为企业提供持续稳定的收入来源，有助于企业实现长期业绩增长。

合同范围和领域：分析企业签订的重大合同涉及的范围和领域。如果合同涉及企业的核心业务或新兴领域，可能为企业带来更大的发展空间。

合同的利润水平：关注企业签订的重大合同的利润水平。如果合同的利润水平较高，可能提升企业的整体盈利水平，有利于实现业绩拐点。

合同履约风险：评估企业签订的重大合同的履约风险。如果企业能有效降低合同履约风险，有助于确保合同带来的收益能够真正体现在公司业绩上。

3.2.3　在手订单

在手订单量：较高的在手订单量可能预示着企业具有较强的市场需求，有助于企业业绩的好转。

订单增长速度：如果企业在手订单持续增长，尤其是增速超过行业平均水平，表示企业未来业绩有望持续改善。

订单类型和结构：如果订单主要集中在高附加值、高毛利的产品和业务上，有助于提升企业的盈利能力。

订单执行情况：良好的订单执行表现有利于提高客户满意和企业声誉，从而推动企业业绩向好。

客户来源和质量：如果订单客户为行业领导者或具有较高信誉的企业，预示着企业具有较强的竞争优势，有望实现业绩拐点。

订单周期和现金流：较短的订单周期和稳定的现金流有助于企业更好地应对市场波动，提高企业的抗风险能力。

例如，金海股份在 2022 年年报中披露：公司专注于业务发展，公司为拓展业务规模，扩大市场影响和覆盖，公司加大业务推广力度，公司混凝土产品在 2022 年第四季度订单快速增加，签订的订单超 10 亿元（见下图）。

> 根据国家能源局统计数据，2022 年风电新增并网装机约 3,763 万千瓦，较 2021 年同比下降 21.2%，风电新增并网装机容量的下降，导致 2022 年风电市场竞争更趋激烈。
>
> 公司专注于业务发展，公司为了拓展业务规模，扩大市场影响和覆盖，公司加大业务推广力度，公司混凝土产品在 2022 年第四季度订单快速增加，签订的订单超 10 亿元，但由于 2022 年疫情的影响，公司主要产品混凝土塔架产品需要在外地施工，人员与物资经常需要在各个项目间频繁移动，疫情防控导致人员与物资的移动非常困难，各项产品的成本增加，产品交付延迟，公司经营效益下滑。
>
> 报告期内，公司实现营业收入 46,644.57 万元，较上年同期下降 14,506.18 万元。
>
> 报告期内，归属于公司股东的净利润为 16.34 万元，同比下降 1,991.60 万元。
>
> 报告期内，公司经营活动产生的现金流净额为 4,988.91 万元。

而公司 2022 年全年营业收入为 4.66 亿元，SSP 混塔架这个混凝土产品的收入为 2.74 亿元。也就是说，公司 2023 年的混凝土塔架业绩大幅增长。70% 的订单在 2023 年完成，那么就是 7 亿元的营业收入，再加上其他产品收入，2023 年业绩实现翻倍增长，公司从 2023 年进入一个业绩拐点。

3.2.4　新产品和新业务

一个重要的投资机会是公司正在形成新的资产，这个新的资产将为公司带来增量收入、利润和现金流。很多时候，这些就是我们讲述的"由内到外"的增长故事，大型传统业务在某种程度上被视为受到了挑战，但是较新的业务正在蓬勃发展并且更加突出。

新产品的市场需求：如果新产品能够满足市场的需求，并且在各类竞品中具有竞争优势，可能有利于企业实现业绩拐点。

新产品的创新程度：如果新产品具有创新性，能为客户带来独特价值，有助于提升企业的竞争力和市场份额。

新产品的毛利率：较高的毛利率预示着企业具有较强的盈利能力，有利于实现业绩拐点。

新产品的销售和推广策略：有效的销售和推广策略有助于提高产品的市场认可度和销售额，从而带动企业业绩好转。

新产品的生产和供应链管理：优化生产和供应链管理有助于降低成本，提高企业的盈利能力，有利于实现业绩拐点。

新产品的研发投入：持续的研发投入为企业带来持续的创新能力，有助于企业在市场竞争中保持领先地位。

3.2.5　产能利用率

以隆基绿能 2022 年年报为例，年报中有"产能情况及光伏产品主要财务指标"这一部分披露其光伏产品的产能利用率（见下表）。

光伏产品生产情况

产品类别	自有产量	产能利用率	工艺路线
单晶硅片	85.87GW	75.37%	单晶
单晶电池	36.24GW	98.92%	单晶
单晶组件	48.19GW	69.21%	单晶

产能利用率发生重大变化原因及影响分析：报告期内，硅料供给持续紧张，产业链价格高位运行，并对终端需求造成一定的阶段性影响，公司适应市场情况调整排产，产能利用率保持在合理水平。

注：产能利用率=自有产量÷期间自有产能。

光伏产品在建产能情况

单位：亿元　币种：人民币

产品类别	在建生产线总投资额	在建生产线当期投资额	设计产能	预计投产时间	在建工艺路线
单晶硅片	118.92	10.79	65GW	已部分投产，其余产能将陆续投产	单晶
单晶电池	144.70	24.74	63GW	已部分投产，其余产能将陆续投产	单晶
单晶组件	56.45	2.26	41GW	已部分投产，其余产能将陆续投产	单晶

注：以上投资额不含流动资金，其中单晶硅片投资额含配套56GW硅棒投资额。设计产能包含在建项目已部分投产的产能。

产能利用率是衡量企业生产效率和市场需求的一个重要指标。通过分析企业的产能利用率，可以在一定程度上判断企业是否出现基本面拐点。

产能利用率的变化趋势：关注企业产能利用率的变化趋势。如果产能利用率持续上升，表明企业生产效率提高或市场需求增加，可能预示着企业业绩的好转。

与行业平均水平对比：将企业的产能利用率与行业平均水平进行对比。如果企业的产能利用率高于行业平均水平，说明企业具备较强的竞争优势，有望实现业绩拐点。

产能扩张计划：关注企业的产能扩张计划。如果企业在产能利用率提高的情况下，积极扩大产能，意味着企业对未来市场需求持乐观态度，有望实现业绩的持续增长。

产能结构调整：分析企业的产能结构调整情况。如果企业在产能利用率提高的同时，进行产能结构调整，优化高附加值产品的产能布局，有助于提升企业的盈利能力。

产能利用率与库存水平：关注企业产能利用率与库存水平的关系。如果产能利用率上升，而库存水平保持适度或降低，说明企业生产与市场需求匹配度较好，有助于实现业绩拐点。

3.2.6　投资状况

以隆基绿能 2022 年年报为例，年报中有"投资状况分析"这一部分披露公司的股权投资和非股权投资情况（见下表）。

序号	项目名称	实施主体	经有权机构、审批的预计总投资额（亿元）	项目进度	资金来源
1	西咸乐叶年产 29GW 高效单晶电池项目(注1)	西咸乐叶光伏	70.40	已部分投产	募集资金 + 自筹资金
2	宁夏乐叶年产 5GW 单晶高效电池项目（一期 3GW）	宁夏乐叶光伏	12.48	注2	募集资金 + 自筹资金
3	泰州乐叶年产 4GW 单晶电池项目	泰州乐叶光伏	12.09	已部分投产	募集资金(注3) + 自筹资金
4	嘉兴光伏年产 10GW 单晶组件项目	嘉兴光伏科技	25.20	已部分投产	募集资金(注4) + 自筹资金
5	芜湖光伏年产 10GW 单晶组件项目	芜湖光伏科技	25.19	已于 2023 年 4 月开始投产	自筹资金

如果公司在购买资产、对外投资设立新公司，进行重大的股权投资，通常是在布局新产品或者新业务，或者是扩大现有业务，都值得关注。

3.2.7 员工人数

以隆基绿能的 2022 年年报为例，年报中有"报告期末母公司和主要子公司的员工情况"这一部分披露公司的员工人数详细情况（见下表）。

母公司在职员工的数量	6 826
主要子公司在职员工的数量	53 775
在职员工的数量合计	60 601
母公司及主要子公司需承担费用的离退休职工人数	0
专业构成	
专业构成类别	专业构成人数
生产人员	37 371
销售人员	1 183
技术人员	10 213
财务人员	517
行政人员	11 317
合计	60 601
教育程度	
教育程度类别	数量（人）
博士	81
硕士	1 665
本科及大专	23 772
大专以下	35 083
合计	60 601

通过企业的员工人数变化，也可以作为判断企业基本面拐点的一个参考指标。

如果企业员工人数在近期持续增加，且增速比之前有所加快，表示企业业务量增长带来的人力需求增大，企业对未来发展前景乐观。

如果企业近期增员主要集中在企业的核心业务部门，如研发部门、营销部门、生产部门等，这表明企业加大了对主营业务的投入，预示着企业主营业务将有所提升。

如果企业近期招聘的新员工中，高技能和高学历员工的占比有所提高，这表明企业加大了对人才的投入，这有利于企业产品和服务水平的提高，长期来看也有利于企业核心竞争力的增强。

2014—2021 年，药明康德收入复合增长 27.68%，固定资产净值复合增长率为 28.54%，资本性支出复合增长率为 29.32%，人员复合增长为 21.88%；2017—2021 年，收入复合增长为 31.05%，固定资产净值复合增长率为 31.81%（固定资产原值复合增长为 28.10%），资本性支出复合增长率为 50.19%，人员复合增长为 24.01%（见下图）。

数据来源：Wind。

可见，药明康德的业绩不仅和固定资产高度相关，而且和员工人数高度相关。

3.2.8　定增和可转债

通过企业的定向增发作为线索来判断企业是否出现基本面拐点，可以关注以下几方面。

（1）募集资金用途：如果资金用于核心业务的扩张、优化产能结构、研发创新等方面，有助于提升企业的竞争实力和盈利能力，预示着基本面拐点的出现。

（2）募集资金规模：如果募集资金规模较大，说明企业有较强的资本运作能力，能为企业带来更多的发展资源和机会。

（3）定增价格：定增价格对企业的估值、市场信心和后续股价表现有一定影响。较高的定增价格预示市场对企业未来业绩的信心。

（4）认购对象：如果认购对象为行业领导者、大型投资机构或知名企业，可以提升企业的市场认可度和品牌价值，有利于实现业绩拐点。

（5）定向增发完成情况：定向增发的顺利完成表明市场对企业的未来发展有较高的预期，有望带来业绩好转。

（6）股权稀释及股东回报：如果定向增发对股权的稀释程度较低，且能为股东带来较好的回报，有助于提升市场对企业的信心。

3.2.9 行政许可或特许经营权

有些公司的业务开展需要政府授权，或者取得特许经营权。其业绩会受到行政许可或特许经营权的很大影响。例如，电视广播许可证可为持有企业提供强大的竞争优势。美国证券交易委员会授予的"国家认可统计评级组织"这一认证帮助标准普尔、穆迪和其他几家相对小一些的机构维持了在信用评级市场的统治地位，尽管它们收费高昂。

如果企业获得的重要行政许可（获特许经营权），能对企业产品及其销售产生较大影响，如生产许可证、进出口许可证或某区域内的独家经营权等，这表明企业已拥有了更广阔的市场空间和更稳定的竞争环境，有利于企业日后业绩的提高。

如果企业获得的新许可或特许经营权的获取难度和门槛较高，需要企业具备较强的实力和影响力才能获取，这也证明企业实力和市场竞争力已跨上新台阶，意味着企业基本面即将出现较大变化。

如果企业获得的新许可或特许经营权的期限较以往更长，如 5 ~ 10 年甚至更长，这表明政府部门对企业产生了更大信任，更看好企业的长期发展前景，有利于企业实现稳定的长期业绩增长。

3.2.10　大客户导入

对于订单型企业来说，大客户导入会对企业短期业绩和长期发展都带来重大变化。

大客户的行业地位：如果大客户是行业领导者或具有较高的市场份额，预示着企业能够获得更多的业务机会和稳定的收入来源。

大客户的订单规模：较大的订单规模有助于提高企业的产能利用率和经济规模效应，从而带动企业业绩好转。

大客户合作的持续性：长期稳定的合作关系有助于企业实现稳定的收入增长，预示着基本面拐点的出现。

大客户合作的行业影响力：与知名大客户合作可以提升企业的品牌认知度和市场地位，从而有利于企业实现业绩拐点。

大客户的信用质量：与信用良好的大客户合作可以降低企业的风险敞口，有助于企业实现稳健的发展。

大客户对企业业务的多样化：引入大客户有助于企业拓展业务领域，提高抗风险能力，从而有望实现基本面拐点。

3.2.11　重大对外合作

如果企业最近签订的重大对外合作协议在合作规模和层次上较之前有较大提高，如从供应商合作转为战略联盟，表明企业的影响力和议价能力在提高，这有利于企业获得更多商业机会和资源。

如果企业的新合作项目涉及的领域较之前更加战略和前瞻，如涉及新行业和新技术，意味着企业有更清晰的产业发展趋势判断和布局，也为企业打开新的利润增长点创造了机会。

如果企业的新合作对手整体实力较之前更加强劲，如跨国公司、行业领先企业等，表明企业整体实力和影响力得到认可，获得了与更强对手合作的机会，意味着企业基本面将迎来新的提升。

如果企业的新合作项目能带来更高的协同效应，如明显推动企业在关键核心竞争力或新产品研发能力方面取得提高，表明企业选择的合作方向更加准确，对企业基本面的改善也能起到直接推动作用。

企业签订新的重大合作在规模、层次、领域选择、合作对手实力及协同效应等方面较之前有较大提高，可以作为判断企业基本面出现转机的重要信号。成功的重大合作不但扩大了企业自身的影响力，也会直接促进企业实力和核心竞争力的提升，所以，它是判断企业基本面变化的一个重要线索。

打开 Choice 软件，单击公告大全，单击沪深京股公告，在标题中输入"对外合作"，即可查询到所有上市公司的对外合作信息，然后从中筛选出可能存在基本面拐点的企业（见下图）。

3.2.12 股权激励

根据天风证券的研究报告，股权激励作为一种长期激励机制，有助于核心人才的培育与公司的长远发展，对股票板块的业绩和公司具有明显的提升效果。据天风证券统计，各公司股权激励计划公布当年营业收入增速总体向好，总营收增加的公司有 21 家，下跌的公司仅有 4 家，其中睿创微纳的营业增速达到 128.06%，整体营收向好趋势明显。股权激励和营业收入的增速有较为明显的正相关性（见下图）。

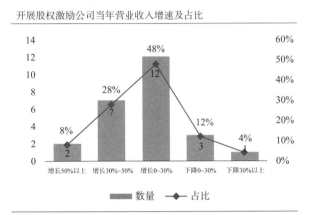

开展股权激励公司当年营业收入增速及占比

资料来源：Wind，天风证券研究所。

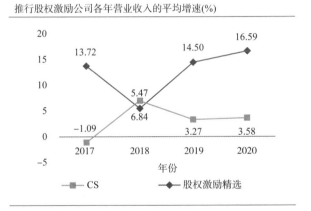

推行股权激励公司各年营业收入的平均增速(%)

资料来源：Wind，天风证券研究所。

在股权激励方案实行 12 个月后，有 57.14% 的公司股价上涨，涨幅超过 50% 的公司有 33.33%；实施超过 24 个月后，公司股价上涨的比例达到 76.47%；在实施超过 36 个月后，有 93.75% 的公司股价上涨，涨幅超过 50% 的公司占 62.5%。少数股价未上涨公司主要原因为非基本面因素。

3.2.13　治理结构

到目前为止，最好的投资就是一个新的 CEO 接管一个管理有问题但本质上不错的公司。如果在投资中，我们只专注于一件事，那就是管理层变更。市场只是没有足够快地了解到变化的后果。在确定你对新 CEO 有信心之后的一个重要问题是，获得正确的时机。你不能等到这位新 CEO 在 250 位华尔街分析师面前展示他的业务重组计划之后再行动，那就为时已晚了。最好的事情是，你已经足够了解这个人和公司，并且能在 CEO 被任命后就迅速采取行动——肯尼斯·费恩伯格。

当一家企业的管理层发生变更时，这说明企业的战略、文化和运营方式可能产生重大变革。这正是萨提亚·纳德拉在 2014 年接任微软 CEO 以来所展示的。在他的领导下，微软成功实现了转型，并成为一家更具创新力和竞争力的公司。在这个过程中，投资者也获得了丰厚的回报（见下图）。

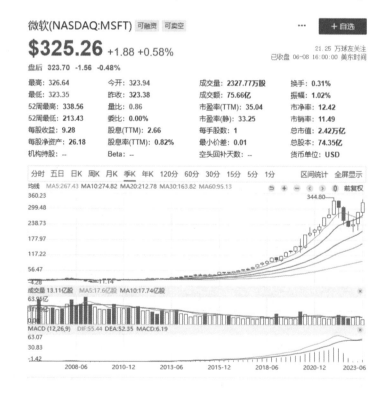

纳德拉将微软从一个以 Windows 和 Office 为核心的产品公司转变为一个以云计算、人工智能和移动为核心的服务公司。在他的领导下，微软成功收购了 LinkedIn、GitHub 等多个有价值的公司，扩展了业务范围和市场份额。纳德拉敢于挑战传统，积极推动企业文化和战略的刷新。在他的带领下，微软逐渐摆脱了"封闭"的形象，与竞争对手如苹果、谷歌等积极展开合作，积极拥抱开源和互联网生态。这些努力让微软重新焕发生机，市值也在短短几年内翻了一番，超过了互联网泡沫以来的高点。

因此，通过企业的治理结构变化，特别是管理层、大股东和实际控制人的变动，可以判断企业基本面是否出现拐点：

管理层整体变更。如果企业管理层近期出现较大范围的变动，如 CEO、核心高管较大比例变更，这可能表明企业对成功转型有较高的危机意识和迫切要求，这也常常预示着企业基本面即将出现较大变化，未来会采取和以往不同的经营举措。

管理层素质提高。如果企业引入的新管理层整体素质较之前有较大提高，如具有国际视野和丰富行业经验，这表明企业加大了对人才的投入，这有利于企业管理水平和核心竞争力的提升，这也是企业基本面出现转机的一个先兆。

实际控制人变更。如果企业的实际控制人最近出现变更，如通过收购或管理层股权变动导致实际控制权变更，说明企业实际控制权可能逐步从创始人转移至职业经理人，有利于企业治理结构的完善和市场化运作，这也常常预示着企业离开创业期进入成长期，基本面有望出现重大变化。

大股东持股变化。如果企业大股东的持股结构最近出现较大变化，如机构股东的持股比例上升或国有股减持，说明企业的股权结构在市场化变化，会对企业未来的经营政策和发展战略产生直接影响，有利于企业基本面朝着更为市场化的方向转变。

总体来说，企业管理层、实际控制人和股东持股结构的较大变动，尤其是变更将企业治理结构朝市场化方向推进，都可以作为判断企业基本面出现重大转变的信号。企业的发展阶段和治理结构的变化，说明企业未来会采取全新的发展理念和成长路径。所以，它是判断企业基本面变化的一个关键角度，但仍需综合其他信息进行判断。

3.2.14 关联交易：用 ChatGPT 进行分析处理

一些公司会披露下一年度的关联交易预计（见下图）。

附件：苏奥传感·苏奥传感关于2023年关联交易预计的公告-20230217.pdf　　预览　**解析**　　　　　　　　附件下载

字体：**特大** 大 **中** 小

公司于2023年2月16日召开第五届监事会第二次会议，审议通过了《关于2023年度日常关联交易预计的议案》。

公司独立董事对本议案进行了事前认可并发表了同意的独立意见。

本次2023年度日常关联交易的预计额度在董事会审批权限内，无需提交公司股东大会审议。

2. 预计日常关联交易的类别和金额

结合公司业务发展需要，根据《深圳证券交易所创业板股票上市规则》（以下简称"《上市规则》"）等规则的规定，预计公司2023年度日常关联交易情况如下：

单位：人民币万元

关联交易类别	关联人	关联交易内容	关联交易定价原则	预计交易金额（万元）	截至披露日已发生金额（万元）	上年发生金额（万元）
向关联人采购商品	龙微科技	采购商品	市场定价或协议定价	5,000.00	87.24	1,084.34

如果预计关联交易金额大幅提升，且关联客户占公司营收和利润比例较高，说明公司下一年度业绩有望大幅增加。

当然，这也只是一个粗略估计，实际发生金额未必就如企业预期。

比如苏奥传感，2022 年预计关联交易发生金额 1 600 万元，实际发生 1 084 万元。所以，这个只能作为一个线索，切不可作为拐点发生的证据。

新三板上有几千家公司，2023 年关联交易预计的公告有几百份，如果能够全部下载，然后整理到一个表格中，进行排序，就可以一目了然地知道哪些企业的关联交易预计会大幅增长了。借助 ChatGPT，可以轻松实现这个功能（见下图）。

3. 上一一年度日常关联交易实际发生情况

单位：人民币万元

关联交易类别	关联人	关联交易内容	实际发生金额（万元）	预计发生金额（万元）	实际发生额占同类业务比例（%）	实际发生额与预计金额差异（%）	披露日期及索引
向关联方采购商品	龙微科技	采购商品	1,084.34	1,600.00	34.95	32.23	公司于2022年4月7日于巨潮资讯网披露的《苏奥传感关于2022年关联交易预计的公告》（公告编号：2022-022）
公司董事会对日常关联交易实际发生情况与预计存在较大差异的说明	公司预计的日常关联交易额度是双方可能发生业务的上限金额，实际发生额是按照双方业务发展情况和实际需求来确定，因此预计数据存在不确定性，导致实际发生额与预计金额存在差异。						
公司独立董事对日常关联交易实际发生情况与预计存在较大差异的说明	公司2022年日常关联交易的实际发生金额与预计金额存在差异，主要系公司与关联方日常关联交易的发生基于业务发展情况和实际需求来确定，属于正常经营行为，对公司日常经营及业绩不会产生重大影响。上述关联交易定价均遵循公开、公平、公正的原则，不存在损害公司和股东利益，特别是中小股东利益的情形，亦不会对公司的独立性产生重大影响。						

首先，打开挂牌公司公告，网址是：https://www. neeq. com. cn/disclosure/announcement. html

输入"2023 年日常性关联交易"，单击"查询"按钮，可以看到 requestURL 是：https://www. neeq. com. cn/disclosureInfoController/infoResult_zh. do? callback = jQuery331_1685664278031

Content-Type 是：application/x-www-form-urlencoded；charset = UTF-8

说明这个页面的数据都是动态生成的，用常规静态页面的方法是无法获取到的（见下图）。

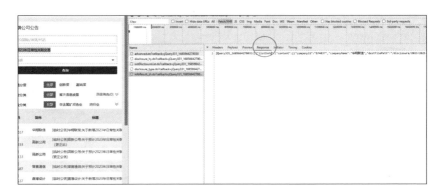

单击 response 按钮，可以看到动态生成的内容，是 json 格式（见下图）。

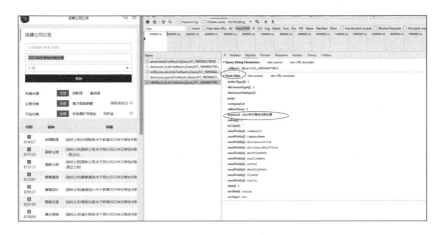

单击 payload，可以看到这些动态参数是通过 form data 方式传递给网站服务器的，要获取这个网站内容，要告诉 ChatGPT 网站的 Request URL、Request headers、formdata 这些信息，然后发送 post 请求来获取网址数据，可以在 ChatGPT 中输入提示词。

一个动态网页，其相关信息如下：

Request URL：

https://www. neeq. com. cn/disclosureInfoController/
infoResult_zh. do? callback = jQuery331_16854

Request headers

Accept:

text/javascript, application/javascript, application/
ecmascript, application/x-ecmascript, /; q = 0. 01

Accept-Encoding:

gzip, deflate, br

Accept-Language:

zh-CN,zh;q = 0. 9,en;q = 0. 8

Connection:

keep-alive

Content-Length:

538

Content-Type:

application/x-www-form-urlencoded; charset = UTF-8

Host:

www. neeq. com. cn

Origin:

https://www. neeq. com. cn

Referer:

https://www. neeq. com. cn/disclosure/announcement. html

Sec-Ch-Ua:

"Google Chrome"; v = "113", "Chromiμm"; v = "113", "Not-
A. Brand";v = "24"

Sec-Ch-Ua-Mobile:

? 0

Sec-Ch-Ua-Platform:

"Windows"

Sec-Fetch-Dest:

empty

Sec-Fetch-Mode:

cors

Sec-Fetch-Site:

same-origin

User-Agent:

Mozilla/5.0 (Windows NT 10.0; Win64; x64) AppleWebKit/537.36 (KHTML, like Gecko) Chrome/113.0.0.0 Safari/537.36

X-Requested-With:

XMLHttpRequest

formdata =

' noticeType% 5B% 5D = 5&disclosureType% 5B% 5D = 5&disclosureSubtype% 5B% 5D = &page = &companyCd = &isNewThree = 1&keyword = 2023 + % E5% B9% B4% E6% 97% A5% E5% B8% B8% E6% 80% A7% E5% 85% B3% E8% 81% 94% E4% BA% A4% E6% 98% 93&xxfcbj% 5B% 5D = 3&hyType% 5B% 5D = &needFields% 5B% 5D = companyCd&needFields% 5B% 5D = companyName&needFields% 5B% 5D = disclosureTitle&needFields% 5B% 5D = disclosurePostTitle&needFields% 5B% 5D = destFilePath&needFields% 5B% 5D = publishDate&needFields% 5B% 5D = xxfcbj&needFields% 5B% 5D = destFilePath&needFields% 5B% 5D = fileExt&needFields% 5B% 5D = xxzrlx&siteId = 1&sortfield = xxssdq&sorttype = asc'

写一段 Python 代码，发送 POST 请求，获取这个网页的数据（见下图）。

jQuery331_1685491901352([{"listInfo":{"content":[...

程序运行后，返回这样的字符串，其中有一段 json 数据，股票公告下载的地址就在 json 数据中。

要用程序批量下载 PDF，首先需要去掉开头和结尾的字符串，得到其中的 json 数据，其次从 json 数据中提取 destFilePath（PDF 文件下载地址）和 disclosureTitle（PDF 文件标题）内容，最后让程序自动下载就好了。

经过多次尝试，构建 ChatGPT 的提示词如下（见下图）：

从一个动态网页获取了网页数据 response.text,

去掉开头的字符串：jQuery331_1685491901352([{"listInfo":{"content":[,去掉结尾的字符串：,"firstPage":true,"lastPage":false,"nμmber":0,"nμmberOfElements":20,"size":20,"sort":null,"totalElements":796,"totalPages":40},"status":0}]),只保留中间的 json 内容；

然后从 json 文件中提取出所有的 destFilePath 和 disclosureTitle 内容；

在所有的 destFilePath 内容前加上 https://www.neeq.com.cn,构建出一个 PDF 文件下载地址，以 disclosureTitle 作为 PDF 文件标题名，注意：要用正则表达式将文件名中 []、这样的特殊符号替换为下画线；

下载所有 PDF 文件，保存到计算机 D 盘"关联交易"文件夹。

注意：需要在代码中添加应对反爬虫的一些措施，比如添加请求头、延迟请求等。

```python
import re
import json
import os
import requests

def clean_filename(filename):
    return re.sub(r'[\\/:*?"<>|]', '_', filename)

def extract_json_from_response_text(text):
    start_str = 'jQuery331_1685491901352([{"listInfo":{"content":['
    end_str = ',"firstPage":true,"lastPage":false,"number":0,"numberOfEle
ments":20,"size":20,"sort":null,"totalElements":796,"totalPages":40},"sta
tus":0}])'
    return text[len(start_str):-len(end_str)]

# Replace this with your actual response.text
response_text = 'jQuery331_1685491901352([{"listInfo":{"content":[...],"f
irstPage":true,"lastPage":false,"number":0,"numberOfElements":20,"size":2
0,"sort":null,"totalElements":796,"totalPages":40},"status":0}])'

json_str = extract_json_from_response_text(response_text)
json_data = json.loads(json_str)

base_url = "https://www.neeq.com.cn"
save_dir = "D:/关联交易"

# Create the save directory if it doesn't exist
if not os.path.exists(save_dir):
    os.makedirs(save_dir)

# Download and save PDF files
for item in json_data:
    dest_file_path = item["destFilePath"]
    disclosure_title = clean_filename(item["disclosureTitle"])
    pdf_url = base_url + dest_file_path
    file_name = disclosure_title + ".pdf"
```

然后，再通过 response_text = response. text 把两段代码连接起来，就构成一个完整的下载程序（见下图）。

运行程序，成功下载所有 PDF 文件。

接下来，要把这些公告文件中的表格数据提取出来。打开这些公告，所有关联交易的数据在 PDF 文件的第一页（见下图）。

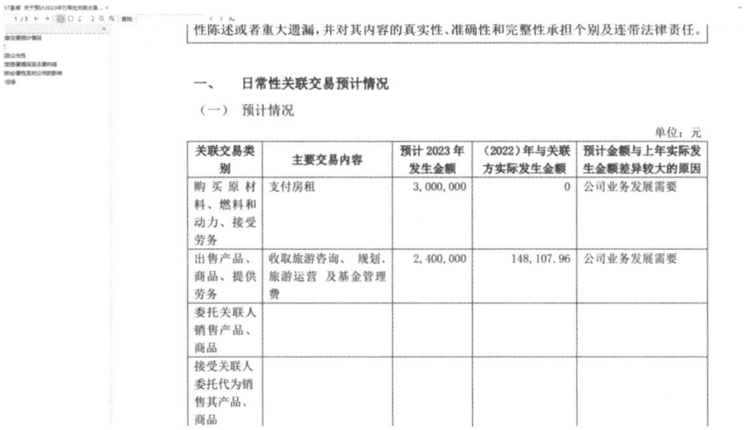

性陈述或者重大遗漏，并对其内容的真实性、准确性和完整性承担个别及连带法律责任。

一、　日常性关联交易预计情况

（一）　预计情况

单位：元

关联交易类别	主要交易内容	预计 2023 年发生金额	（2022）年与关联方实际发生金额	预计金额与上年实际发生金额差异较大的原因
购买原材料、燃料和动力、接受劳务	支付房租	3,000,000	0	公司业务发展需要
出售产品、商品、提供劳务	收取旅游咨询、规划、旅游运营 及基金管理费	2,400,000	148,107.96	公司业务发展需要
委托关联人销售产品、商品				
接受关联人委托代为销售其产品、商品				

打开 ChatGPT（一定要用 GPT4，编程能力很强。相比之下，GPT3.5 弱太多了），输入提示词如下：

D 盘有一个文件夹：guanlianjiaoyi，其中有很多 pdf 文件；你的任务是写一个 Python 程序，批量提取 PDF 文件中表格信息到 Excel 文件，具体步骤如下：

（1）打开一个 PDF 文件；

（2）用 pdfplumber 提取第一页的表格信息；

（3）以原有的 PDF 文件名作为 Excel 表格文件标题，保存刚才提取的表格信息到 Excel 文件，放到计算机 D 盘文件夹 Excel 中。

然后在命令行提示符中安装 pdfplumber：pip install pdfplumber（见下图）。

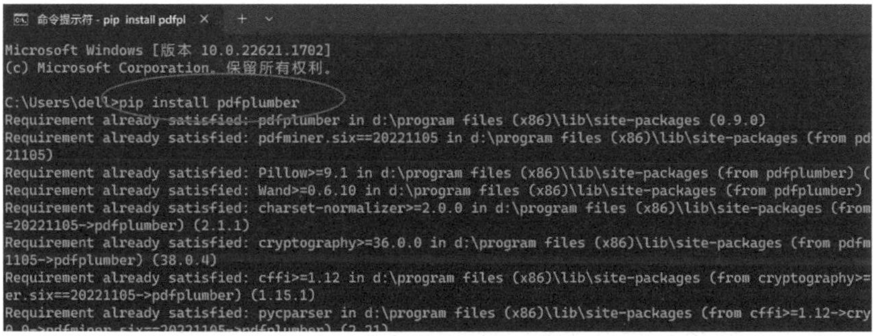

　　pdfplumber 是一个 Python 库，用来读取和写入 PDF 文件。ChatGPT 一会儿就生成代码，复制到 Visual Studio Code 中运行，很快就完成了（见下图）。

名称	修改日期
ST昌辉-ST昌辉 关于预计2023年日常性关联交易的公告-2023-05-05.xlsx	2023/5/31 16:24
博大网信-博大网信 关于预计2023年日常性关联交易的公告-2023-05-23.xlsx	2023/5/31 16:47
海航冷链-海航冷链 关于预计2023年日常性关联交易的公告(更正后)-2023-05-11.xlsx	2023/5/31 16:24
合顺兴-合顺兴 关于新增2023年日常性关联交易的公告-2023-05-15.xlsx	2023/5/31 16:24
华奥科技-华奥科技 关于预计2023年日常性关联交易的公告(更正后)-2023-05-15.xlsx	2023/5/31 16:24
嘉博设计-嘉博设计 关于新增2023年日常性关联交易的公告-2023-05-26.xlsx	2023/5/31 16:24
建通测绘-建通测绘 关于预计2023年日常性关联交易的公告-2023-05-30.xlsx	2023/5/31 16:24
普赛通信-普赛通信 关于预计2023年日常性关联交易的公告-2023-05-26.xlsx	2023/5/31 16:24
盛泉养老-盛泉养老 关于预计2023年日常性关联交易的公告-2023-05-04.xlsx	2023/5/31 16:24
泰和兴-泰和兴 关于预计2023年日常性关联交易的公告-2023-05-08.xlsx	2023/5/31 16:24
唐山华熠-唐山华熠 关于新增2023年日常性关联交易的公告-2023-05-16.xlsx	2023/5/31 16:24
未来国际-未来国际 关于预计2023年日常性关联交易的公告-2023-05-15.xlsx	2023/5/31 16:24
文达通-文达通 关于新增2023年日常性关联交易的公告-2023-05-15.xlsx	2023/5/31 16:24
沃达尔-沃达尔 关于预计2023年日常性关联交易的公告(更正公告)-2023-05-11.xlsx	2023/5/31 16:24
沃达尔-沃达尔 关于预计2023年日常性关联交易的公告(更正后)-2023-05-11.xlsx	2023/5/31 16:24
沃达尔-沃达尔 关于预计2023年日常性关联交易的公告-2023-05-05.xlsx	2023/5/31 16:24
协同环保-协同环保 关于新增2023年日常性关联交易的公告-2023-05-08.xlsx	2023/5/31 16:24
亿林科技-亿林科技 关于新增2023年日常性关联交易的公告-2023-05-15.xlsx	2023/5/31 16:24
岳达生物-岳达生物 关于预计2023年日常性关联交易的公告-2023-05-05.xlsx	2023/5/31 16:24
智能交通-智能交通 关于新增2023年日常性关联交易的公告-2023-05-24.xlsx	2023/5/31 16:24
中艺股份-中艺股份 关于预计2023年日常性关联交易的公告-2023-05-08.xlsx	2023/5/31 16:24

　　打开其中的 Excel 表检查一下，内容提取正确（见下图）。

关联交易类别	主要交易内容	预计2023年发生金额	2022年与关联方实际发生金额	预计金额与上年实际发生金额差异较大的原因（如有）
购买原材料、燃料和动力、接受劳务	软件开发、技术服务等	10,000,000.00	4,234,862.42	根据公司经营计划及发展需要预计
出售产品、商品、提供劳务	仪器仪表、软件等	5,000,000.00	0.00	根据公司经营计划及发展需要预计
委托关联人销售产品、商品				
接受关联人委托代为销售其产品、商品				
其他		5,000,000.00		根据公司经营计划及发展需要预计
合计	—	20,000,000.00	4,234,862.42	

　　最后，要把这些表格中的内容全部合并到一张表格中。

在 ChatGPT 中选中 GPT4，输入如下提示词：

D 盘有一个文件夹：Excel。其中有很多 Excel 文件，你的任务是写一个 Python 程序，批量合并 Excel 表格中的内容到一个新的 Excel 表格中，操作步骤如下：

（1）在 D 盘 newexcel 文件夹中新建一个 Excel 表格，表格标题为：newexcel；

（2）打开 D 盘 Excel 文件中第 1 个 Excel 文件；

获取 Excel 文件名，写入 newexcel 表格中的 A2 单元格；

获取 Excel 文件中的 C2 单元格内容，写入 newexcel 表格中的 B2 单元格，表头为"预计 2023 年购买原材料发生金额"；

获取 Excel 文件中的 D2 单元格内容，写入 newexcel 表格中的 C2 单元格，表头为"2022 年实际发生金额"；

获取 Excel 文件中的 C3 单元格内容，写入 newexcel 表格中的 D2 单元格，表头为"2023 出售产品"；

获取 Excel 文件中的 D3 单元格内容，写入 newexcel 表格中的 E2 单元格，表头为"2022 出售产品"；

获取 Excel 文件中的 C4 单元格内容，写入 newexcel 表格中的 F2 单元格，表头为"2023 委托关联人销售"；

获取 Excel 文件中的 D4 单元格内容，写入 newexcel 表格中的 G2 单元格，表头为"2022 委托关联人销售"；

获取 Excel 文件中的 C5 单元格内容，写入 newexcel 表格中的 H2 单元格，表头为"2023 接受委托关联人销售"；

获取 Excel 文件中的 D5 单元格内容，写入 newexcel 表格中的 I2 单元格，表头为"2022 接受委托关联人销售"。

（3）打开 D 盘 Excel 文件中第 2 个 Excel 文件；

获取 Excel 文件名，写入 newexcel 表格中的 A3 单元格；

获取 Excel 文件中的 C2 单元格内容，写入 newexcel 表格中的 B3 单元格；

　　获取 Excel 文件中的 D2 单元格内容，写入 newexcel 表格中的 C3 单元格；

　　获取 Excel 文件中的 C3 单元格内容，写入 newexcel 表格中的 D3 单元格；

　　获取 Excel 文件中的 D3 单元格内容，写入 newexcel 表格中的 E3 单元格；

　　获取 Excel 文件中的 C4 单元格内容，写入 newexcel 表格中的 F3 单元格；

　　获取 Excel 文件中的 D4 单元格内容，写入 newexcel 表格中的 G3 单元格；

　　获取 Excel 文件中的 C5 单元格内容，写入 newexcel 表格中的 H3 单元格；

　　获取 Excel 文件中的 D5 单元格内容，写入 newexcel 表格中的 I3 单元格。

（4）重复以上步骤，直到所有 Excel 文件内容都已经提取到 newexcel 表格中（见下图），注意：每个步骤都要输出信息。

运行后出错，把出错信息复制，然后发给 ChatGPT（见下图）。

ChatGPT 很快发现了问题所在：使用 openpyxl 库中的 column_index_from_string 函数来将列字母转换为列索引（整数）这将解决之前的类型错误问题。请再次尝试运行此脚本（见下图）。

修复后，程序运行成功，很快所有数据都提取到 Excel 表格中（见下图）。

接下来即可在表格中进行关联交易的数据分析（见下图）。

	股票名称	预计2023年购买原材料发生金额	2022年实际发生金额	2023出售产品	2022出售产品	2023委托关联人销售	2022委托关联人销售	2023接受委托关联人销售	2022接受委托关联人销售
1	灯蔽群	2,000,000	0	2,400,000	149,107.96				
2	中艺股份	3,000,000	0						
3	亿林科技		729,843.52						
4		0.00	43,222.66						
5	众友物联	300,000.00	43,222.66	400,000.00	26,100.00				
6	众友物联	300,000.00	43,222.66	400,000.00	26,100.00				
7	华勘科技			12,000,000.00	4,000,000.00	1,564,150.93	6,000,000.00		
8	协同网络	0.00							
9	潇天网络	44,418,300.00	35,754,175.24	162,554,300.00	195,011,409.90				
10	合嘉兴								
11	唐山华煤	20,000,000.00	1,462,568.28	8,000,000.00	995,653.69				
12	嘉博设计			8,000,000.00					
13	品庄生物			10,000,000					
14	建道测绘								
15	文达通	11,500,000	133,036.66	156,500,000	5,890,808.79				
16	普惠通信			10,000,000					
17	智诚交通	6,150,000	143,125.51	89,850,000	2,097,251.52				
18	未来国际								
19	沃达尔	78,200,000.00	15,708,161.33	11,200,000.00	1,097,265.33				
20	沃达尔	78,200,000.00	15,708,161.33	11,200,000.00	1,097,265.33				
21	沃达尔	78,200,000.00	15,708,161.33	11,200,000.00	1,097,265.33				
22	泰和兴	70,091,000.00	36,770,227.77	15,000,000.00	24,620,449.17				
23	海航河销	100,000	12,017,708	19,500,000	14,649,194				
24	康养养老	6,000,000.00	3,453,821.15	37,000,000.00	14,556,355.61	5,000,000.00		2,307,831.75	
25									

3.3 新闻资讯

现在由于互联网的高速发展，企业新闻信息非常多，如公司官网，公司微信公众号，微博，百度新闻搜索，新浪财经、腾讯财经、讯财经等财经网站，雪球，政府网站，抖音，小红书等。

公司官网和公司微信公众号的信息较为权威，但是更新频率较低，内容可能过于正面，以宣传公司为主；百度新闻搜索来源广泛，信息更新速度快，不过信息真实性和准确性需要进一步甄别。雪球这类投资者社区有实时资讯，有独立投资人发表的正反面观点，但是部分观点可能带有个人投资情绪；政府网站也会有当地企业的一些新闻信息，比较权威，不过信息更新也较少。抖音和小红书上可以看到用户对公司产品或服务的各种评价。各个新闻源在获取上市公司新闻时都有各自的优势和不足。在实际使用中，可以根据自己的需求和兴趣选择合适的新闻源。同时，为了保证获取全面且准确的信息，建议多个新闻源同时关注，这些不同的新闻渠道可以结合起来看。

下面以视频平台为例，说明具体如何查找企业基本面拐点信息。

目前长视频、短视频平台有很多。长视频平台，如爱奇艺、腾讯视频，多以电影、电视剧综艺等为主，有些企业会把公司宣传片上传，其中企业相关的信息很多都是过去一两年甚至更久的。短视频平台，内容非常丰富，信息有效性高很多，会有很多企业最新的信息动态。

所以，在线上进行视频调研时，应该以短视频平台为主。短视频平台，目前主要是抖音和快手。抖音的用户数量比快手多很多，而且内容要丰富得多。个人经过测试，绝大部分企业在抖音上的相关视频都远高于快手。因此，基本上在抖音上搜索企业相关视频即可。

首先，看企业是否有官方抖音号。单击抖音右上角的搜索按钮，然后输入"三一重工"，最后选择用户。如果有企业官方抖音号，会有蓝 V 标志，账号简介中也有认证为官方账号（见下图）。

可以点击关注，以后公司有新的视频，即可第一时间收到，从而跟踪公司最新动态。

如果没有官方号，可以在搜索栏中搜索企业股票名称，然后选择"视频"选项，即可看到企业相关视频信息。比如输入"路斯股份"后，可以看到这里有公司车间环境展示、在建工程进展情况、招聘需求及待遇、管理层联系方式等信息（见下图）。

这样就可以对公司生产环境有一个直观地了解。可以看到路斯股份生产宠物食品过程中有很多自动化设备，但同时也需要大量人工去做一些手工操作。公司年报中生产员工人数：截至2021上半年，公司员工人数为1 571人，主要以生产人员为主，占比为81.54%；其次是技术人员，占比为8.21%。这说明公司虽然有一定自动化，但是整体自动化水平并不很高，本质还是劳动密集型企业。

另外，现在很多企业有"90后""00后"员工，他们很喜欢通过抖音拍摄发布自己的工作情况。通过他们的视频，可以大致推测公司产能是否饱满、侧面了解公司管理水平等。

如果企业有新的投产项目，也很容易通过抖音来查看项目最新进展情况。比如，在搜索框中输入"广东羚光"，可以看到公司贵州羚光项目的投产规模、投产进度、预期收益等视频介绍（见下图）。

但如果名字不够精确可能会弹出很多不相关的内容，这时可以在股票名称前加上地名，比如输入山东路斯股份，或者输入公司全名称。

在日常生活中发现一个特别好用的产品，想知道是哪家公司生产的，或者生产同类产品的公司还有哪几家，有没有投资机会可以挖掘，这时就可以拿起抖音搜一搜。

比如，发现一款宠物零食还不错，输入"宠物零食"后可以发现，在"视频"栏下方有很多网红博主推荐，下面还有用户的使用评价，从中不难筛选出有竞争力的品牌，然后找到其背后的公司（见下图）。

比如，在评论区找的猫友爱这家宠物零食冻干还不错，往上追溯是一家叫浙江科盛宠物食品有限公司生产的（见下图），据说是跟江南大学合作的项目，而江南大学的食品科学与工程是目前人类食品及宠物食品全球顶尖的专业，可惜它不是一家上市公司。

除此之外，还可以点击"视频"栏下方选项找到各公司产品的生产过程、各品牌的销量排行、价格区间及用户使用后评价等（见下图）。

此外，还可以通过抖音不同人对公司产品的评价，更客观地评估公司的产品力和品牌力。搜索某企业的产品名称，然后看抖音上的视频评论，以及抖音视频下面的留言互动。

尤其是很多电子产品，会有很多相关产品测试视频。相对于很多官方宣传，有些自媒体会更为客观一些。比如输入小米电视，可以看到小米集团－W（HK：01810）电视产品的相关评论。

以上这些信息更多的是印证我们通过企业年报、公告和财务报表获得的基本面拐点线索，或者作为一个启发。因为对于上市公司来说，年报、公告和财务报表才是最权威的，尤其是年度报告，是要经过严格的审计流程把关的。

再举一个政府网站查找企业信息的例子。

金海股份在 2022 年 12 月 2 日发布公告《内蒙古金海新能源科技股份有限公司对外投资（增资）的公告》，公告中是一项重大投资：近期，公司与华能国际电力股份有限公司安徽风电分公司（简称"华能安徽公司"）进一步沟通，达成合作意向，公司为了能够在安徽蒙城县申报风光资源，拟对全资子公司安徽纽安洁新能源科技有限公司增资，增资最多不超过 1.2 亿元，本次增资将根据实际需要情况分批进行（见下图）。

证券代码：832390　　　　证券简称：金海股份　　　　主办券商：光大证券

内蒙古金海新能源科技股份有限公司对外投资(增资)的公告

> 本公司及董事会全体成员保证公告内容的真实、准确和完整，没有虚假记载、误导性陈述或者重大遗漏，并对其内容的真实性、准确性和完整性承担个别及连带法律责任。

一、对外投资概述

（一）基本情况

近期，公司与华能国际电力股份有限公司安徽风电分公司（简称"华能安徽公司"）进一步沟通，达成合作意向，公司为了能够在安徽蒙城县申报风光资源，拟对全资子公司安徽纽安洁新能源科技有限公司增资，增资最多不超过1.2亿元，本次增资将根据实际需要情况分批进行。

（二）是否构成重大资产重组

本次交易不构成重大资产重组。

本次投资为对全资子公司增资，不构成重大资产重组。

金海股份的全资子公司安徽纽安洁新能源科技有限公司最新进展怎么样？这些公司公告和官网都没有信息。那么可以到这个子公司所在地的政府网站，去查找最新信息（见下图）。

由上图可以看到，2022-01-24，安徽纽安洁新能源科技有限公司签署了国有建设用地使用权出让合同；2022-05-13，《安徽纽安洁新能源科技有限公司风力发电塔架及相关设备制造项目环境影响报告表》得到受理；2022-05-19，《安徽纽安洁新能源科技有限公司风力发电塔架及相关设备制造项目环境影响报告表》进行审批前公示（见下图）。说明安徽纽安洁新能源科技有限公司的风力发电塔架及相关设备制造项目很快就可以正式开工了，后面如果顺利投产销售，可能会对公司业绩产生积极影响。

发布时间：2022-05-19 15:21 信息来源：蒙城县生态环境分局 浏览次数：75 字体：[大 中 小] 文本下载

《安徽纽安洁新能源科技有限公司风力发电塔架及相关设备制造项目环境影响报告表》审批前公示

根据建设项目环境影响评价审批程序有关规定，我分局拟对《安徽纽安洁新能源科技有限公司风力发电塔架及相关设备制造项目环境影响报告表》进行审查，为保证审查的严肃性和公正性，现将拟审查的环境影响评价文件基本情况予以公示，公示期为5日。如有意见，请于公示期内将书面意见反馈至县生态环境分局行政审批股。

听证权利告知：依据《中华人民共和国行政许可法》，自公示起五日内申请人、利害关系人可提出听证申请。

联系电话：0558-7684515，传真：0558-7686902；

地址：亳州市蒙城县生态环境分局；

邮编：233500；

项目名称：安徽纽安洁新能源科技有限公司风力发电塔架及相关设备制造项目；

建设地点：蒙城经济开发区安驰大道与纬四路交叉口；

建设单位：安徽纽安洁新能源科技有限公司；

环境影响评价机构：安徽创杰环境科技有限公司；

建设项目概况：项目占地109.43亩，总建筑面积38258.24平方米，其中生产厂房一座35594.24平方米，主要包括混凝土搅拌站房混凝土生产线2条、混塔生产线2条，砂石料库房、成品仓库等，车间外南侧布置混塔生产线1条，厂房东侧建设办公生活用房2592平方米，配套建设厂区道路、给排水、供配电、消防、绿化等工程。项目建成后年产200套风力发电塔架混凝土构件。

打开《安徽纽安洁新能源科技有限公司风力发电塔架及相关设备制造项目环境影响报告表》审批前公示，可以看到建设项目概况：项目占地109.43亩，总建筑面积38 258.24平方米，其中生产厂房一座35 594.24平方米，主要包括混凝土搅拌站房混凝土生产线2条、混塔生产线2条，砂石料库房、成品仓库等，车间外南侧布置混塔生产线1条，厂房东侧建设办公生活用房2 592平方米，配套建设厂区道路、给排水、供配电、消防、绿化等工程。项目建成后年产200套风力发电塔架混凝土构件。据此，可以大致估算这个项目对公司业绩带来的具体影响。

打开《安徽纽安洁新能源科技有限公司风力发电塔架及相关设备制造

项目环境影响报告表》，可以看到更具体的信息，如施工日期、项目投资金额、项目建设内容及工程规模、建设项目主要原辅材料及能源消耗情况等（见下表）。根据环评表，这个项目在 2024 年上半年可以产生收益。再综合公司公告内容和其他投资项目信息，可以初步判断公司在 2023 年和2024 年会迎来基本面重大拐点。

建设地点	蒙城经济开发区安驰大道与纬四路交叉口		
地理坐标	(116 度 34 分 31.911 秒,33 度 11 分 14.308 秒)		
国民经济行业类别	C3022 混凝土结构构件制造	建设项目行业类别	二十七、非金属矿物制品 55、石膏、水泥制品及类似制品制造 302
建设性质	□新建(迁建) □改建 □扩建 □技术改造	建设项目申报情形	□首次申报项目 □不予批准后再次申报项目 □超五年重新审核项目 □重大变动重新报批项目
项目审批(核准/备案)部门(选填)	蒙城县发展改革委	项目审批(核准/备案)文号(选填)	/
总投资(万元)	20 000	环保投资(万元)	345.5
环保投资占比(%)	1.73	施工工期	12 个月
是否开工建设	□否 □是:_____	用地(用海)面积(m²)	72 951.6

3.4 其他方面

此外，还可通过企查查来查询企业的发明专利情况，了解企业的技术和产品储备（见下图）。

通过各种招投标平台来获取企业项目中标情况（见下图）。

通过招聘网站来看企业在招聘哪些方面的人才，对人才的需求量，能够从侧面印证出企业下一步想干什么，企业有没有在扩张新项目；看企业给员工的薪酬待遇水平，和市场对比如何，能够判断出企业是否具有人才竞争力（见下图）。

通过企业水电费使用量的变化，侧面印证企业业绩；通过调研了解企业的下游客户和经销商，预计企业产品销量情况；通过淘宝店铺销售额、抖音直播间成交额等来推测企业产品销售情况（见下图）。

通过 App Annie、Sensor Tower、Similar Web 等来获取企业网站或 App 的流量、用户量等（见下图）。

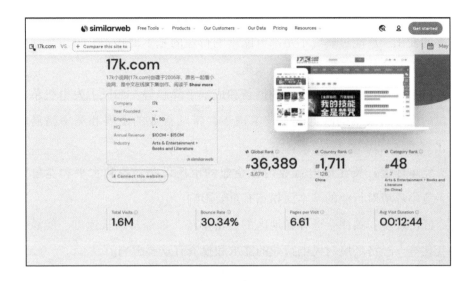

　　根据不同的企业，企业所处的不同行业，不同的产品，有不同的信息来源作为基本面拐点的线索，或者确认基本面拐点已经发生。

3.5　不同行业拐点判断

　　不同的行业，拐点判断方法因为行业属性不同而有所不同。需要根据具体行业的特征和情况进行具体分析。

3.5.1　风　　电

　　判断风电行业基本面拐点的方法和指标可以从多个方面进行分析。以下是一些建议的方法、指标和数据来源。

　　政策环境：关注政府在可再生能源、特别是风电领域的政策导向和支持力度，如税收优惠、补贴政策、可再生能源发展目标等。政策环境的变化往往对行业发展产生重大影响。

　　市场需求：关注全球和各地区的风电市场需求和增长趋势，特别是新兴市场的需求变化。可参考国际能源机构（IEA）、国际可再生能源机构（IRENA）等权威机构发布的报告和数据。

行业产能：关注风电设备制造商的产能布局和扩张计划，以及产能利用率的变化。产能过剩或不足都可能影响行业的基本面拐点。可以关注各大风电企业的公告、财报等信息来源。

技术进步：关注风电技术的创新和成本下降趋势，如风力发电机单机容量的提升、成本的降低等。技术进步会带动行业的发展和竞争格局的变化。

竞争环境：关注风电行业内各企业的市场份额、盈利水平和竞争策略。竞争环境对行业的基本面拐点有重要影响。

经济环境：关注全球和各地区的经济形势，如经济增长速度、能源价格变化等。经济环境对风电行业的需求和投资有重要影响。

行业景气指数：关注风电行业的景气指数，如风电设备价格指数、风电项目投资回报率等。这些指数可以帮助判断行业基本面的变化趋势。

通过综合分析以上多个维度的信息，可以对风电行业的基本面拐点进行判断。

基本面拐点的判断需要从宏观政策、产业周期、下游需求、成本价格、关键指标及投资者情绪等多个方面综合分析，看是否体现出风电行业基本面即将产生积极的转变。这需要定期跟踪和监测相关数据，并将不同因素的变化趋势进行对比分析和验证。

3.5.2　新能源汽车

判断新能源汽车行业基本面拐点的方法和指标需要从以下几方面来进行分析。

（1）政策环境：关注政府在新能源汽车领域的政策导向和支持力度，如补贴政策、购车优惠、充电基础设施建设、零排放目标等。政策环境的变化对行业发展产生了重大影响。

（2）市场需求：关注全球和各地区的新能源汽车市场需求和增长趋势，特别是各种类型（如电动汽车、插电式混合动力汽车、氢燃料电池汽车等）的需求变化。

（3）行业产能：关注新能源汽车制造商的产能布局和扩张计划，以及产能利用率的变化。产能过剩或不足都可能影响行业的基本面拐点。可以关注各大新能源汽车企业的公告、财报等信息来源。

（4）技术进步：关注新能源汽车技术的创新和成本下降趋势，如电池技术、充电技术、驱动系统等方面的进步。技术进步会带动行业的发展和竞争格局的变化。

（5）竞争环境：关注新能源汽车行业内各企业的市场份额、盈利水平和竞争策略。竞争环境对行业的基本面拐点有重要影响。

（6）经济环境：关注全球和各地区的经济形势，如经济增长速度、能源价格变化等。经济环境对新能源汽车行业的需求和投资有重要影响。

（7）行业景气指数：关注新能源汽车行业的景气指数，如新能源汽车销量、市场渗透率、电池价格指数等。这些指数可以帮助判断行业基本面的变化趋势。

通过综合分析以上多个维度的信息，可以对新能源汽车行业的基本面拐点进行判断。

3.5.3　自动化设备

自动化设备行业的经营特点如下。

（1）技术密集型：自动化设备行业对技术和创新的需求高，企业需要不断研发和更新产品以满足市场的需求。

（2）周期性：自动化设备行业受制造业和经济周期的影响较大，经济繁荣时期，设备投资需求旺盛；经济不景气时，设备投资需求减弱。

（3）定制化需求：自动化设备行业的产品往往需要根据客户的特定需求进行定制，这要求企业具备较高的设计和生产能力。

（4）经营周期：自动化设备行业的经营周期通常与制造业和经济周期相一致，经济繁荣时期，行业需求旺盛，经济低迷时期，行业需求减弱。

判断自动化设备行业基本面拐点的方法和指标如下。

（1）经济环境：关注全球和各地区的经济形势，如经济增长速度、制造业投资、工业生产指数等。经济环境对自动化设备行业的需求和投资有重要影响。

（2）市场需求：关注全球和各地区的自动化设备市场需求和增长趋势，如制造业自动化水平、工业互联网发展等。可参考权威机构和咨询公司发布的报告和数据。

（3）行业景气指数：关注自动化设备行业的景气指数，如行业订单增长、产值增长、行业利润等。这些指数可以帮助判断行业基本面的变化趋势。

通过关注上述重点，可以对自动化设备行业的基本面拐点进行判断。

3.5.4 锂电负极材料

锂电负极材料行业的经营特点和经营周期如下。

（1）技术密集型：锂电负极材料行业对技术和创新的需求高，企业需要不断研发和更新产品以满足市场的需求，提高电池性能。

（2）市场驱动：锂电负极材料行业受新能源汽车、消费电子等终端市场的影响较大，市场需求的变化直接影响行业的发展。

（3）行业竞争：锂电负极材料行业竞争激烈，企业需要在产品质量、成本控制等方面不断提升竞争力。

（4）经营周期：锂电负极材料行业的经营周期通常与锂电池产业链、新能源汽车和消费电子等终端市场的发展周期相一致。

判断锂电负极材料行业基本面拐点的方法和指标如下。

（1）市场需求：关注全球和各地区的锂电池市场需求和增长趋势，如新能源汽车销售、消费电子市场等。可参考权威机构和咨询公司发布的报告和数据。

（2）政策环境：关注政府在新能源汽车和锂电池产业链方面的政策导向，如补贴政策、产业发展规划等。政策环境的变化往往对行业发展产生重大影响。

（3）行业产能：关注锂电负极材料行业的产能布局、产能利用率和扩张计划。可以关注各大锂电负极材料企业的公告、财报等信息来源。

3.5.5　功率半导体

功率半导体行业的经营特点如下。

（1）技术密集型：功率半导体行业对技术和创新的需求高，企业需要不断研发和更新产品以满足市场的需求，提高性能和降低成本。

（2）市场驱动：功率半导体行业受新能源汽车、消费电子、工业控制等终端市场的影响较大，市场需求的变化直接影响行业的发展。

（3）行业竞争：功率半导体行业竞争激烈，企业需要在产品性能、成本控制等方面不断提升竞争力。

（4）经营周期：功率半导体行业的经营周期通常与半导体产业链、终端市场，如新能源汽车和消费电子等的发展周期相一致。

判断功率半导体行业基本面拐点的方法和指标如下。

（1）市场需求：关注全球和各地区的功率半导体市场需求和增长趋势，如新能源汽车、消费电子市场等。可参考权威机构和咨询公司发布的报告和数据。

（2）政策环境：关注政府在新能源汽车、半导体产业链等方面的政策导向，如补贴政策、产业发展规划等。政策环境的变化往往对行业发展产生重大影响。

（3）行业产能：关注功率半导体行业的产能布局、产能利用率和扩张计划。可以关注各大功率半导体企业的公告、财报等信息来源。

第 4 章

拐点的持续性

如果一个企业的拐点只持续几个月，那么就有没多大意义。企业的拐点需要持续几年以上，才表明对于企业内在价值会真正有所提升。如何判断企业基本面拐点的持续性呢？

4.1　处于成长期

每个企业和人一样，都有生命周期。企业生命周期，简言之，就是企业从成立到消亡的整个发展过程（见下图）。

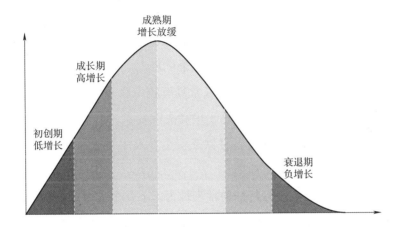

企业生命周期通常被划分为以下四个阶段。

（1）初创期：企业刚成立，产品还在设计研发阶段，主要关注产品的价值。

（2）成长期：企业经营规模扩大迅速，关注的重点是增长规模和扩大市场份额。这一阶段企业的收入和利润会快速增长。

（3）成熟期：企业的增长速度放缓，开始关注资本的扩张和财务结构的优化，主要通过协同效应来维持或扩大市场份额。这一阶段企业的收入和利润增长会慢下来。

（4）衰退期：由于新技术或新产品的出现，企业产品的市场需求下降，业绩增速也随之下滑。这一阶段企业面临的主要问题是如何应对市场需求的减少。

企业生命周期就是企业从初创到衰退的漫长发展历程。不同阶段企业会面临不同的机遇和挑战，投资者可以根据企业所处的生命周期阶段来判断企业未来的发展潜力和面临的风险，从而做出正确的投资判断。对普通个人投资者来说，选择处在成长期阶段的优质企业进行投资是预期收益率较高的一个选择。

4.1.1 初 创 期

初创期是企业生命周期的最早阶段，企业在这一阶段的经营特征主要表现为以下几个方面。

（1）市场定位不稳：初创期企业往往面临着市场定位的问题，需要在市场中寻找合适的位置以确立自己的竞争优势。

（2）组织结构灵活：初创企业通常具有较为扁平的组织结构，管理层与员工之间的沟通更加直接，有助于提高决策效率。

（3）资源有限：初创企业往往缺乏资金、人才和技术等资源，这使得它们在市场竞争中处于弱势地位。

初创期企业的财务指标特征通常表现为以下几个方面。

（1）收入规模较小：初创期企业的市场规模有限，销售收入相对较低。

（2）利润波动较大：由于市场环境的不稳定和经营风险较高，初创期企业的利润波动可能会较大。

（3）现金流紧张：初创期企业在资金方面往往面临较大压力，可能会出现现金流紧张的情况。

初创期企业的产品和研发阶段主要包括以下几个方面。

（1）产品尚处于试验阶段：初创企业的产品尚处于试验阶段，尚未形成成熟的产品线。

（2）研发投入较大：为了确保产品的竞争力，初创期企业通常需要投入较大的研发资源。

（3）技术壁垒不高：初创期企业的技术壁垒相对较低，容易受到竞争对手的挑战。

初创期企业的盈利能力通常较弱，主要有以下几个方面的原因。

（1）收入规模有限：初创企业的市场规模较小，难以实现规模经济效应，导致收入规模有限。

（2）成本压力较大：初创期企业在人力、物力、研发等方面的投入较大，可能导致成本压力较大。

（3）利润波动较大：由于市场环境和经营风险的不确定性，初创期企业的利润波动可能较大。

初创期企业，不太容易出现企业基本面拐点。原因如下。

（1）市场需求不稳定：初创期企业的市场定位尚未稳定，难以形成持续的市场需求。这使得初创期企业的基本面难以迅速好转。

（2）研发投入较大，盈利能力有限：初创企业需要投入大量的研发资源以确保产品竞争力，导致成本较高，盈利能力有限。在这种情况下，企业基本面拐点的出现可能性较低。

（3）现金流紧张：初创期企业在资金方面往往面临较大压力，现金流紧张可能会影响企业的正常运营。在这种情况下，基本面拐点的出现可能性也相对较低。

（4）市场竞争激烈：初创期企业的技术壁垒相对较低，容易受到竞争对手的挑战。在激烈的市场竞争中，企业基本面拐点的出现可能性较低。

4.1.2　成长期

成长期是企业生命周期的第二个阶段，企业在这一阶段的经营特征主要表现为以下几个方面。

（1）市场份额扩大：成长期的企业已经在市场中确定了自己的定位，并逐步扩大市场份额。

（2）组织结构逐渐完善：随着企业规模的扩大，组织结构逐渐从扁平化向层次化发展，管理层次更加清晰。

（3）资源优势凸显：成长期企业的资金、人才和技术等资源相对充足，能够在市场竞争中占据优势地位。

成长期企业的财务指标特征通常表现为以下几个方面。

（1）收入增长迅速：成长期企业的市场份额逐步扩大，销售收入增长迅速。

（2）利润保持增长：由于市场需求的稳定和经营风险的降低，成长期企业的利润通常保持稳定增长。

（3）现金流良好：成长期企业在资金方面相对较为宽裕，现金流状况良好。

渗透率是业绩爆发期的重要跟踪指标，业绩爆发期时长、爆发性强弱均可通过渗透率进行跟踪。当产业进入成长加速期，渗透率提速加快，业绩往往迎来高速增长。从产业的历史行情演绎中也能够发现这一规律。2020 年 8 月以后，我国新能源车产业正式进入成长加速期，之后相对大盘的盈利增速持续大幅提升。2019 年年中，TWS 耳机渗透率突破 5%，其相对盈利增速也随之迎来大幅上行（见下图）。

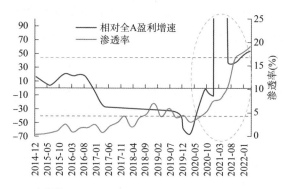

资料来源：Wind，中汽协。

业绩爆发期大致与产品生命周期、研发周期匹配。消费电子的产品周期和研发周期在 2~3 年，往往对应业绩爆发期也是 2~3 年的维度。新能源车的产品周期和研发周期所对应业绩爆发期持续时间相比消费电子会更长一些。如果一个产业研发周期更长、产品生命周期更长，往往业绩爆发期的持续时间也会更长，这是由产业内生规律决定的。

渗透率 = 商品的现有需求量 ÷ 商品的潜在需求量

例如，新能源汽车在 2015 年卖了 33 万辆，预计 50 年以后市场饱和，新能源汽车年销量稳定在 1 000 万辆，那么在 2015 年，新能源车的中国市场渗透率为 33 ÷ 1 000 = 3.3%。

渗透率低的行业，通常说明还处于发展早期，因此，大多是朝阳行业，前景看好。

比如，植发手术、空气净化器、电动车、医美、云游戏的渗透率都较低，因此，5 年复合增长速度通常在 20% 以上，处于高速增长阶段。

行业渗透率高的企业，如果不能拓展新产品，则市场空间遇到天花板，成长放缓，如智能电表、智能电视、指纹识别等，没有什么好的投资机会。

2017 年指纹识别向中低端机型渗透，截至 2020 年这一趋势仍在继续，手机市场指纹识别渗透率达到 82%。指纹识别芯片的增长率从 2015 年不断放缓，从 2017 年以后中国市场的增长率跌落 20%。全球指纹识别龙头企业汇顶科技也是从 2017 年遇到成长瓶颈，而且指纹识别被人脸识别替代，这导致公司发展前景被蒙上阴影，股价不断下滑。

汇顶科技 2013—2023 年业绩情况如下图所示。

数据来源：Choice 金融终端。

汇顶科技上市以来股价变动情况如下图所示。

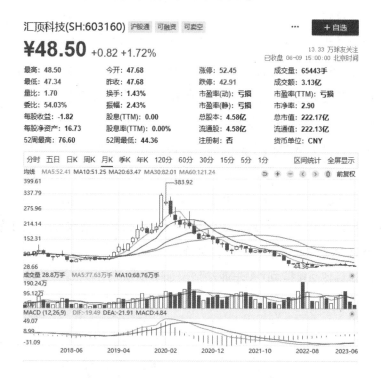

如果行业渗透率低，而且市场空间巨大，那么这就是顶级赛道，如万亿规模的电动车，千亿规模的光伏、锂电池、医美。这些行业中的股票吸引海量资金不断加码投资。

如果行业渗透率已经较高，但是相对于日韩欧美国家，我国的渗透率依然有很大空间，那么也可以考虑，如中国床垫渗透率为60%，但是美国为85%；Low-E玻璃国内渗透率为10%，但是德国接近100%。

渗透率在10%~50%的行业，一般是快速成长行业，如新能源汽车、光伏、智能制造等。这类行业中的企业最容易迎来成长拐点。

4.1.3 成熟期

随着企业的成长，它们最终会进入成熟期。在这个阶段，企业的市场份额、产品创新和盈利能力均呈现相对稳定的状态。然而，正是这种稳定性让成熟期的企业不太容易迎来基本面拐点。

企业在成熟期所表现出的经营特征，主要体现在市场份额的稳定、产品创新的减缓及盈利能力的平衡。

市场上的竞争十分激烈，那些在成长期迅速扩张的企业，在成熟期往往面临着市场饱和和竞争对手的挑战。在这个阶段，市场份额的增长放缓，企业的经营重心开始从追求市场份额扩张转向提高现有业务的盈利水平和优化内部运营。这说明企业在成熟期很难再取得显著的市场突破。

成熟期企业在产品创新和研发方面往往面临瓶颈。随着市场的成熟，创新机会变得越来越少，企业需要在现有技术和产品线基础上进行改进。这使得成熟期企业在研发方面的投入回报逐渐下降，创新能力相对减弱。

成熟期企业的盈利能力通常处于一个相对平衡的状态。在此阶段，企业已经实现了规模经济效应，成本得到有效控制。然而，由于市场竞争和创新瓶颈等因素，企业的利润增长也逐渐放缓。这导致企业在成熟期难以实现显著的盈利提升，也使基本面拐点的出现变得更加困难。

4.1.4　衰 退 期

进入衰退期后，企业长期发展能力减退，短期盈利能力大幅度下降，虽保有一定的市场份额但市占率增速骤减。由于产销规模缩小，销售业绩开始下滑，固定支出占总支出比重上升，收不抵支的情形越来越突出。该时期的企业通过业务收缩、资产重组，或被接管、兼并等形式可以延缓衰退，或蜕变至其他产业。总体上，衰退期的企业很难出现拐点，但如果有并购重组或者全面转型大动作，也不排除出现拐点。

4.2　商业模式好

企业的商业模式实际上就是企业赚钱的方式和过程。它回答了三个基本问题：企业以什么样的产品或服务满足消费者需求，以什么样的方式创造价值，如何通过这种价值创造方式获利。

一个优秀的商业模式应当同时满足企业和消费者的需要。对于企业来说，它能够持续稳定地创造利润和现金流；对于消费者来说，它能够提供高性价比的产品和服务。一个成功的商业模式往往体现为一种独特的竞争优势，让企业在激烈的市场竞争中突围而出，获得长期的盈利能力。

设想商业模式是一台机器，企业的产品、服务、技术、流程等则是这台机器所依赖的零件。只有通过巧妙的组装与调整，这些零件才能真正发挥出强大的作用，创造出超越个体功能的整体效果。一个杰出的商业模式，就像一台精妙绝伦的机器，它通过联动各种要素，最终产生一种难以复制的协同效应。这种效应背后的秘密，恰恰体现在零件之间的互动与结合中。

在这个意义上，商业模式的本质在于链接——链接客户与企业，链接产品与市场，链接价值创造与利润获利。当这些链接由松散逐渐变得牢固时，一个强大的商业模式便悄悄形成了。它仿佛一个看不见的引擎，驱动企业与市场之间的互动运转，最终成就辉煌业绩的同时，也赢得客户的青睐与认可。

4.2.1 "坐地收钱"

"坐地收钱"的商业模式是指企业通过排他性地占有某种资产，实现低投入、高回报的商业运营。这种模式往往带有稳定且高的收益，适合长期投资。

"坐地收钱"的商业模式主要分为产品型商业模式和平台型商业模式。产品型商业模式指企业通过拥有独特的产品和服务，实现可预测的持续收益。平台型商业模式则是企业通过整合多个产品型企业或项目，构建强大的经营平台，实现持续性强的现金流。

产品型商业模式的典型案例包括高端白酒、智能手机和英伟达等企业。高端白酒企业凭借其品牌效应和稀缺性，具有较强的提价能力。智能手机行业则在不断提升渗透率的过程中，为企业带来可预测的收入。英伟达这类企业能够不断延展下游应用，从游戏领域拓展至无人驾驶等新兴领域，为企业创造持续的收益。

平台型商业模式的典型案例包括迪士尼、阿里巴巴等。迪士尼通过收购漫威这类拥有强大 IP 群的产品型企业，构建了庞大的娱乐帝国，实现了持续且稳定的现金流。阿里巴巴则通过整合各种线上线下业务，打造了一个庞大的商业生态系统，为企业带来了持续的增长。

这些"坐地收钱"的商业模式之所以适合长期投资，主要有以下几个方面的原因。

（1）稳定的收益：这类企业能够在竞争激烈的市场中保持稳定的市场份额，为投资者带来稳定的收益。

（2）强大的抗风险能力：拥有独特资产或业务平台的企业，具有较高的抗风险能力，能够在市场波动中保持稳健的业绩。

（3）持续创新：这类企业通常具备较强的创新能力，能够不断推出新产品或拓展新领域，为企业带来持续的增长。

4.2.2 "苦尽甘来"

在商业世界中，有一种特殊的现象被称为"苦尽甘来"，它描述了在一些行业中，由于存在诸多痛点导致行业内的企业盈利能力有限，发展受限。然而，总有那么一些优秀的企业，能够通过创新和适应力，有效解决这些痛点，从而成为行业中的赢家。这些企业具有中等的 ROE（净资产收益率）、ROIC（投资资本回报率），阶段性的低 FCFF（自由现金流），但最终能够实现良好的 FCFF 表现。

有些企业能够解决行业痛点，就可以有出色表现。以服装行业为例，传统服装企业面临的一个重要痛点就是库存问题。库存过高会导致资金占用、折扣促销和品牌形象受损等问题。而在这个行业中，一家名叫优衣库的企业成功地解决了库存问题，通过快速响应和精准供应链管理，实现了库存周转的高效率。优衣库利用大数据分析和精细化管理，对消费者需求有了更深入地了解，从而实现了生产和销售的高度匹配。这使得优衣库在面临库存问题的服装行业中脱颖而出，成为行业赢家。

"苦尽甘来"的商业模式具有一定的财务特征。这些企业在成长过程中，可能会面临中等的 ROE 和 ROIC 表现，以及阶段性的低 FCFF。然而，随着行业痛点的解决，这些企业逐渐实现了良好的 FCFF 表现，从而为投资者带来了稳定的长期回报。

"苦尽甘来"的商业模式并非仅限于服装行业，还存在于如交运、金融、化工等多个行业。这些行业中的优秀企业，通过创新和改革，成功解决了行业痛点，成为行业中的赢家。

例如，交运行业中的顺丰速运（002352. SZ），该公司通过高效的物流管理和技术创新，解决了传统快递行业如配送效率低、服务质量差等痛点。

4.2.3 "自我燃烧"

什么是"自我燃烧"的商业模式？这些企业投入巨额资金用于扩张和研发，然而，所创造的价值却无法留给自己，而是让利于客户。这种商业模式使得企业的自由现金流匮乏，对股东不友好。

"自我燃烧"的商业模式具有以下特征：低 ROE/ROIC、资产波动较大、重资产，并且不具备自由现金流创造能力。这种模式常见于重资产类型公司，如电子、冶金、低端制造等，以及项目型公司，如系统集成。

重资产企业通常需要投入大量资本购买设备、原材料等，以提高产能。然而这种投入导致企业负债累累，利润率较低。以冶金行业为例，代表性上市公司包括宝钢股份（600019. SH）和鞍钢股份（000898. SZ）。这些公司长期以来面临着产能过剩、环保压力和市场竞争等挑战，导致它们的毛利率和净利润率较低，ROE/ROIC 指标表现不佳。

为什么这种商业模式表现较差呢？主要原因是这些企业所带来的效率提升和成本降低，并未转化为企业自身的利润，而是让利于客户。此外，这些企业还需要不断投资扩张和技术升级，以应对激烈的市场竞争。这使得企业的自由现金流减少，对股东的回报能力有限。

项目型公司（系统集成）通常专注于为客户提供定制化解决方案，涉及多个行业和领域。这些公司面临着项目周期长、竞争激烈、毛利率较低等问题。

项目型公司通常需要投入大量人力、物力和财力进行研发和项目执行。然而，由于竞争激烈，企业很难将这些投入转化为稳定的收益。其次，项目型公司的业务波动性较大，受到行业周期和政策影响较为明显，这使得企业的盈利能力和自由现金流受到限制。

"自我燃烧"型企业在激烈的市场竞争中不断投入，却无法为股东创造稳定的回报。对于普通个人投资者来说，在投资决策时，需要关注企业的商业模式、财务指标和行业地位等因素，避免陷入"自我燃烧"式的投资陷阱。

4.3　竞争优势强

在古代，一座城市依靠着一条宽阔的护城河，抵御着外敌。这条护城河为城市提供了强大的防御能力，使得敌军难以攻破。在商业领域，企业也有着类似的"护城河"，它们被称为企业的竞争优势。

企业竞争优势，简单来说，就是一家企业相较于其他竞争对手所拥有的独特优势，使其在市场竞争中占据有利地位，并能够长期保持这种地位。这种优势来自多个方面，如品牌、技术、成本、渠道等。拥有竞争优势的企业能够为投资者带来稳定且可观的回报。

苹果公司凭借其极具创新力的产品设计和卓越的品牌形象，在智能手机和电子产品市场中建立了坚实的竞争优势。消费者对苹果公司产品的高度认可和忠诚度，使得苹果在面临激烈竞争的市场中依然能够脱颖而出。

另一个例子是可口可乐，这家拥有百年历史的饮料企业凭借其独特的配方、广泛的分销网络和广告宣传策略，成功地在全球范围内建立了巨大的竞争优势。如今，可口可乐已成为世界上最知名的品牌之一，其产品几乎遍布全球。

企业竞争优势就像一条宽阔的护城河，保护着企业免受竞争对手的侵袭，维持良好的业绩和现金流。

4.3.1 无形资产

高质量生意的核心要义是什么？在基本层面上，所销售的产品或服务对其客户而言是至关重要的，但这只是其成本结构中的一小部分，客户关系往往黏性高且与客户之间的业务是重复发生的。一般来说，我们最终会投资以知识产权为基础的生意，这些生意可以根据增值而不是某种成本基础来定价。

无形资产，就像一根神秘的魔法棍，它虽然看不见、摸不着，却有着惊人的力量。包括政府给予的牌照、独特的专利、闪耀的商标和传承的品牌等。在竞争激烈的商业世界中，无形资产能帮助企业巩固地位，实现持续增长。

政府给予的牌照可以为企业提供独特的市场准入优势。以上海机场（600009.SH）为例，到达上海的航班只能付费停在虹桥或浦东机场，而这两处都属于上海机场。这种独家经营权使得上海机场在市场竞争中具有不可替代的地位，从而带来稳定的收入和利润增长。

专利技术可以让企业在技术竞争中立于不败之地。如华为，这家中国科技企业拥有众多核心专利，使其在全球通信设备市场中占据重要地位。截至 2022 年底，华为在全球共持有效授权专利超过 12 万件，而与华为签订双边协议、付费获得华为专利许可的企业有 29 家，来自中国、美国、欧洲、日本、韩国等，其标准必要专利 6 500 余项，全球占比 14%。这些专利不仅助力华为在竞争中占据优势，还为其创造了可观的专利授权收入。华为美国首席知识产权顾问史蒂文·盖斯勒（Steven Geiszler）表示，从 2019 至 2021 年，华为从全球专利许可中获得约 12 亿美元的收入，即每年约为数亿美元。

知名商标和品牌象征着高品质、信誉和历史传承，成为消费者信赖的象征。以家喻户晓的白酒品牌茅台（600519.SH）为例，茅台酒拥有悠久的历史传承和卓越的品质，使其在消费者心中树立了良好的口碑。在过去的十年里，茅台的营业收入和市值都取得了显著增长，凭借品牌实力成为中国白酒市场的龙头企业。

当然，无形资产并非唾手可得。企业需要通过不断的创新、研发和品牌塑造才能积累无形资产。无形资产如同一股神秘的力量，悄无声息地影响着企业的命运。尽管它难以量化，却是企业竞争优势的关键所在。作为投资者，我们要学会透过现象看本质，挖掘那些拥有丰厚无形资产的优质企业。

4.3.2　转换成本

你早上起床刷牙时，突然发现牙膏用完了。换个牙膏牌子似乎并不困难。但是，如果你要换个手机品牌或是计算机操作系统，事情就变得复杂许多。这就涉及一个重要概念：转换成本。

转换成本是指从一个产品或服务转向另一个产品或服务所需付出的成本。这种成本可能包括时间、金钱和心理成本等。高转换成本为企业创造了竞争优势，使得消费者在选择产品时更侧重于已经使用过的品牌，从而帮助企业持续增长。

以设计师常用的 AutoCAD 软件为例，该软件每年收费 1 775 美元。那么，为什么设计师们还愿意付费使用呢？原因正是高转换成本。设计师们从大学开始就在学习 AutoCAD 软件，整个行业的设施都与该软件兼容。换句话说，放弃 AutoCAD 并转向其他软件意味着重新学习、购买新的硬件设备及承担可能出现的兼容性问题等，这种成本非常高昂。

高转换成本不仅存在于设计行业，还广泛存在于许多其他领域。比如，苹果公司，其产品和服务之间的紧密联系使得消费者在购买苹果产品时更倾向于使用其他苹果设备和服务。这种生态系统使得消费者在考虑转换时不得不面对时间、金钱和心理成本等多重压力，从而使得苹果公司在市场竞争中具有优势。

转换成本像一把锁链，将消费者与企业紧密地锁在一起。那些具备高转换成本的企业，更容易实现持续增长。

4.3.3　网络效应

如果你是微信的唯一用户，那么这个应用对你来说几乎没有价值。但随着越来越多的人使用微信，你可以与更多的朋友、家人和同事保持联系，分享瞬间和信息。这就是网络效应的魅力。同样的道理，越多的人使用某种操作系统，就会有越多的开发者开发软件，进而吸引更多的用户。网络效应形成了一个强大的正反馈循环。

网络效应是一个强大且神奇的力量。它像一个看不见的磁铁，将越来越多的用户吸引到优秀的产品和服务上。

4.3.4　成本优势

在商业世界中，有时花费更少的钱却能获得更多的回报，这就是成本优势。它表明一个企业在生产或提供服务过程中，相较于竞争对手，能够以更低的成本实现更高的利润。成本优势是企业在市场竞争中取得成功的关键因素，有助于企业实现持续增长。

规模效应是成本优势的一种表现形式，它常见于高固定成本比例的行业。这里的关键并不在于企业的绝对规模，而是相对于竞争对手的相对规模。以台积电为例，其 5 nm 工厂的初始投资高达 120 亿美元。但其巨额的固定成本可以分摊到大量订单中，使得台积电在同等价格下能够获得丰厚的利润，而竞争对手则可能亏损。

另一个典型案例是 Netflix。这家公司的影视剧制作费用超过了整个美国院线行业。然而，庞大的成本却能轻松分摊给众多订阅用户，使得竞争对手望尘莫及。

具有规模效应的企业还有零售行业的沃尔玛、飞机制造行业的波音、开发操作系统的微软等，而私募基金、律所等则不具备规模效应。

4.4 竞争格局好

市场竞争格局就是行业内公司之间的竞争关系。投资者应该选择市场竞争格局较好的行业和公司，由于利润空间大和增长潜力高，这类公司的股价表现往往更理想。分散程度高、竞争激烈的行业，如果选错公司投资，很容易受到其他同业的影响，亏损的风险也更大。所以，理解市场竞争格局，对投资者来说是比较关键的一步。要投资一只股票，首先应看这家公司所在的行业竞争格局，再判断这家公司在行业中的地位和竞争优势，这可以有效降低投资风险，提高获利机会。

常见的市场竞争格局有以下几个方面。

（1）极度分散：行业内有很多公司，市场份额均较小，竞争激烈，利润率比较低。例如，餐饮业、零售业。

（2）相对集中：行业内有一定数量的大公司，但还有很多中小企业，市场份额分散，竞争也比较激烈。例如，汽车行业、服装行业。

（3）充分集中：行业内有几家大公司掌控了大部分市场，小公司生存比较困难，大公司之间的竞争也比较激烈。例如，白酒行业、化妆品行业。

（4）寡头垄断：行业内只有少数几家大公司，市场份额高度集中，这些大公司之间的竞争较少，具有定价权，利润率比较高。例如，航空业、电信业。

（5）绝对垄断：行业内只有一家公司，没有竞争对手，市场份额达到100%，具有强大的定价权和利润率。例如，铁路运输业、电网业。

行业竞争格局和产业生命周期也是高度相关的。当一个新产业诞生时，通常由一家或少数几家企业率先进行探索。这时行业集中度较高，其他看到商机的厂商会因为投资风险而持观望态度。随着行业需求和盈利模式逐渐明朗化，很多原本观望的厂商会加入竞争，导致行业集中度迅速降低。在这个阶段，行业格局还不稳定，集中度波动较大。随着产业规模增长的红利逐渐减少，竞争加剧，优质公司的优势开始显现，行业洗牌开始。这时行业集中度会逐渐上升，并在达到一个高点后趋于稳定，集中度波动变小。

因此，行业集中度通常呈现"先降低后升高再走平"的形态。产业年龄与行业集中度极小值出现的时间有一定的线性关系。对于刚刚起步、尚未上市的新兴产业，其集中度与产业年龄呈较明显的正相关关系。

4.4.1　极度分散

当你走进一条繁华的街道，琳琅满目的餐馆、商店和摊贩，各自占据着一小片区域，争相吸引顾客。这就是极度分散的市场竞争格局。在这样的市场中，很多公司争夺市场份额，竞争激烈，利润率相对较低。

极度分散的市场竞争格局通常表明行业内有众多公司，市场份额相对较小，竞争激烈。在这种情况下，公司之间的产品和服务差异化程度可能不高，价格差异也较小。换句话说，消费者可以在不同的商家之间轻松地找到类似的产品和服务，这使得企业在竞争中难以形成明显的优势。

在这种竞争格局中，进入和退出市场的壁垒通常较低。简单来说，企业容易进入市场，也容易退出。这导致新的竞争者不断涌现，使得行业整体利润率降低。此外，极度分散的市场竞争格局通常出现在行业生命周期的成熟阶段，这说明市场的增长速度已经放缓，竞争更加激烈。

典型的代表性行业包括餐饮业、零售业和农产品。在这些行业中，市场参与者众多，产品差异较小，竞争激烈，利润率相对较低。

那么，为什么这种竞争格局不利于企业持续增长呢？首先，由于市场参与者众多，企业很难在竞争中脱颖而出，形成差异化竞争优势。其次，低利润率表明企业在扩张和发展方面的资源有限。最后，市场进入和退出的壁垒低，导致新竞争者不断涌现，企业难以保持稳定的市场份额。

4.4.2　相对集中

走进汽车展厅，琳琅满目的各式汽车让人眼花缭乱；走进商场，各种品牌的服装争奇斗艳，给人们带来无穷的选择。这些行业就是典型的相对集中的市场竞争格局的代表。

相对集中的市场竞争格局：是指行业内有一定数量的大公司，但同时还有很多中小企业，市场份额较为分散，竞争激烈。在这种竞争格局中，公司的数量较多，大公司和中小企业都在同一个市场中角逐竞争。

在这种竞争环境下，产品和服务的差异化程度可能各不相同。大公司通过研发、创新和市场营销等手段，使自己的产品和服务与其他企业区分开。而中小企业则可能通过提供定制化服务、凸显特色或降低价格等方式与大企业竞争。因此，产品价格差异可能相对较大。

相对集中的市场竞争格局下，进入和退出的壁垒可能适中。虽然大公司可能拥有技术优势和品牌优势，但中小企业在某些方面仍具有一定的竞争力。这种竞争格局通常出现在行业生命周期的成长阶段或成熟阶段，市场增长速度适中或放缓。

汽车行业和服装行业是相对集中市场竞争格局的典型代表。以汽车行业为例，截至 2022 年 12 月 8 日，全球有 120 家汽车上市企业，其中大公司如丰田、大众、福特等占据市场的主导地位，但同时还有许多中小企业在不同细分市场中竞争。同样，在服装行业，也可以发现类似的现象。全球范围内，有数千家服装品牌，以及许多中小品牌在市场中激战。

那么，这种竞争格局对企业长期持续增长会有什么影响呢？在相对集中的市场竞争格局中，企业需要不断创新和提高竞争力，以求在激烈的市场竞争中站稳脚跟。尽管市场份额可能较为分散，但企业仍有机会通过不断优化产品和服务来实现增长。

4.4.3　充分集中

在日常生活中，经常会看到同一种产品或服务由多家公司提供，如电视、手机、快递等。这些公司之间的竞争就构成了一个充分集中的市场竞争格局。

在这种竞争格局中，市场上有少数几家主导公司，它们占据了市场份额的大多数，其他公司只占据了市场份额的一小部分，或者根本没有市场份额。这些主导公司之间的竞争非常激烈，因为它们都想要争夺更多的市场份额。

产品和服务的差异化程度在充分集中的市场竞争格局中通常较高。主导公司通常会通过技术创新、品牌建设、服务质量等方式来区别于其他竞争对手。这种差异化不仅可以帮助主导公司吸引更多的消费者，还可以让它们在定价方面拥有更大的自主权。

在充分集中的市场竞争格局中，产品价格的差异也较为明显。由于主导公司之间的竞争较为激烈，它们通常会采用不同的价格策略来吸引消费者。一些主导公司可能会采用低价策略来争夺市场份额，而另一些主导公司则可能会采用高价策略来强调产品的高品质和高附加值。

相对于绝对垄断的市场竞争格局，充分集中的市场竞争格局中，进入和退出的壁垒较高。由于市场上已经存在一些主导公司，新的公司很难进入市场。即使有公司试图进入市场，它们也需要面对巨大的市场份额和资金的挑战，因此，退出市场也很困难。这可能会导致市场上的竞争程度较低，但主导公司的市场份额和利润率较高。

充分集中的市场竞争格局通常出现在行业生命周期的成熟期和衰退期。在成长期和成熟期，市场上通常会出现多家公司，竞争程度较高。但随着时间的推移，市场逐渐成熟，一些公司可能会被淘汰，留下少数几家主导公司。这种竞争格局在很多行业中都有出现，比如电子消费品、汽车、航空等。

充分集中的市场竞争格局对企业持续增长有利。由于主导公司拥有强大的定价权和利润率，它们可以获得更多的收益，从而投资于研发和创新，提高产品服务的品质和附加值。此外，主导公司还可以通过品牌建设和服务质量提升消费者的认知度和忠诚度，从而进一步巩固其市场地位。

4.4.4　寡头垄断

某些行业只有少数几家大公司占据着市场份额的大多数，这些公司之间的竞争较少，价格较高，而消费者只能在这些公司提供的产品和服务中进行选择。这种市场竞争格局被称为寡头垄断。

在寡头垄断的市场竞争格局中，市场上只有少数几家大公司，它们占据了市场份额的大多数，而其他小公司只能在市场的角落里"苟延残喘"，或者根本没有市场份额。这些大公司之间的竞争相对较少，具有较强的定价权和利润率。

产品和服务的差异化程度在寡头垄断的市场竞争格局中通常较高。由于市场份额已经被少数几家大公司垄断，它们通常会通过技术创新、品牌建设、服务质量等方式来区别于其他竞争对手，吸引更多的消费者。这种差异化不仅可以帮助大公司巩固市场地位，还可以让它们在定价方面拥有更大的自主权。

在寡头垄断的市场竞争格局中，产品价格的差异也较为明显。由于少数几家大公司之间的竞争相对较少，它们通常会采用不同的价格策略来吸引消费者。一些大公司可能会采用高价策略来强调产品的高品质和高附加值，而另一些大公司则可能会采用低价策略来争夺市场份额。

相对于充分集中的市场竞争格局，寡头垄断的市场竞争格局中，进入和退出的壁垒较高。由于市场上已经存在少数几家大公司，新的公司很难进入市场。即使有公司试图进入市场，它们也需要面对巨大的市场份额和资金的挑战，因此，退出市场也很困难。这可能会导致市场上的竞争程度较低，但少数几家大公司的市场份额和利润率较高。

寡头垄断的市场竞争格局通常出现在行业生命周期的成熟期和衰退期。在成长期和成熟期，市场上通常会出现多家公司，竞争程度较高。但随着时间的推移，市场逐渐成熟，一些公司可能会被淘汰，留下少数几家大公司。这种竞争格局在很多行业中都有出现，比如家电、电信、石油等。

寡头垄断的市场竞争格局对企业持续增长有利。由于少数几家大公司具有较强的定价权和利润率，它们可以获得更多的收益，从而投资于研发和创新，提高产品服务的品质和附加值。此外，少数几家大公司还可以通过品牌建设和服务质量提升消费者的认知度和忠诚度，从而进一步巩固其市场地位。

一个典型的例子是空调行业。根据观研天下等研究机构，我国空调行业集中度主要聚集于头部品牌，CR10 超过 95%，CR5 长期维持在 60% 以上，市场呈现强者恒强的格局。头部企业格力电器和美的集团优势明显，CR2 长期维持在 40% 以上并呈上升趋势。

4.4.5　绝对垄断

某些行业只有一家公司，这家公司具有绝对的市场份额和定价权，而消费者只能在这家公司提供的产品和服务中进行选择。这种市场竞争格局被称为绝对垄断。

在绝对垄断的市场竞争格局中，市场上只有一家公司，它占据了市场份额的 100%。因为没有竞争对手，这家公司具有强大的定价权和利润率。

在绝对垄断的市场竞争格局中，产品和服务的差异化程度通常较低。由于市场上只有一家公司，它不需要通过差异化来区分自己和竞争对手，因此，产品和服务的差异化程度并不高。此外，由于市场上没有竞争对手，这家公司通常可以采用较高的价格来获得更高的利润率。

在绝对垄断的市场竞争格局中，进入和退出的壁垒非常高。由于市场上只有一家公司，新的公司很难进入市场。即使有公司试图进入市场，它们需要面对巨大的市场份额和资金的挑战，因此，退出市场也很困难。

绝对垄断的市场竞争格局通常出现在行业生命周期的成熟期和衰退期。在成长期和成熟期，市场上通常会出现多家公司，竞争程度较高。但随着时间的推移，市场逐渐成熟，一些公司可能会被淘汰，留下唯一的一家公司。这种竞争格局在很多行业中都有出现，如铁路运输业、电网业等。

绝对垄断的市场竞争格局对企业持续增长有利。由于该公司具有强大的定价权和利润率，它可以获得更多的收益，从而投资于研发和创新，提高产品服务的品质和附加值。此外，由于市场上没有竞争对手，这家公司可以更加专注于自身的业务，不需要分散精力应对竞争对手。

4.5　管理层优秀

企业长期成功的关键在管理层。投资者即使再聪明，也无法看透企业。所以，别只看财报数据，还要看运营企业的那些管理层。寻找那些高素质、诚信可靠、真正为股东考虑的管理团队。他们会给股东带来良好的长期回报。

在生活中，我们常常会遇到这样的情况：两家餐馆的装修、菜品都很相似，价格也差不多，但是客户流量和口碑却差异很大。原因往往就在于管理层的不同。优秀的管理层，不仅会注重产品和服务质量，更会关注客户体验，建立长期的品牌美誉度与客户信任，这才是企业获得长期竞争优势和持续盈利的关键。

股票投资也是如此。企业的基本面看起来都不错，但是股价表现却差异巨大，管理层的影响力不可小觑。优秀诚信的管理层，会努力提高企业运营效率，控制成本费用，不断创新产品服务，真正为股东创造价值。长期来看，这类企业的股价和股东回报往往远高于同行业平均水平。

相反，不诚信的管理层可能通过虚报财务、内幕交易等手段短期获得利益，必然会损害企业的长期发展，也难以建立市场的信任，最终导致企业价值的崩溃。A 股市场有典型案例，两家企业在产品、销量方面不相上下，但是由于管理层的不同，10 年后市值差距达到 10 倍以上。这充分证明管理层对公司的影响力。

一些企业每股净资产远高于股价，理论上具有很大的安全边际，但是由于管理层过往劣迹，投资者没有信心，股价长期低迷。这说明投资者在评估一只股票时，管理层的素质至关重要。无论企业的基本面如何，如果管理层道德缺失、经营无方，长期来看必然会对股东利益造成损害。

作为投资者，在研究一只股票前，管理层的诚信度和能力同样值得审慎评估。优秀的管理层，才有可能带领企业实现可持续发展，创造更大的股东价值，这是投资者获得超额收益的重要保证。单凭企业表面数据的判断，往往难以准确把握企业的真实价值，也更容易上当受骗。管理层的影响，是投资者投资研判中不容忽视的重要因素。优秀的管理层一般具有以下几个方面的特征。

4.5.1　股东利益一致

几个朋友合伙开餐馆，但是利益分配不均和理念不一致，很快就会产生矛盾，影响餐馆的正常运营。相比之下，如果股东之间利益高度一致，理念和目标清晰，餐馆的发展速度和效益可能会大大提高。

股东利益高度一致的上市公司，管理层会更加重视股东利益，努力实现企业价值的最大化。他们会致力于提高公司治理水平，完善激励机制，吸引和培养优秀的管理人才，共同致力于企业的可持续增长。

相反，股东结构复杂、利益方向分散的企业，管理层的决策会受到各方势力的影响，难以高效运作，也不利于引进和留住优秀人才。这类企业的内部矛盾和角力比较普遍，发展速度和股东回报率可能大打折扣。

研究显示，股东利益一致的上市公司，未来的股价表现和业绩持续增长速度明显高于同行业平均水平。该类公司的管理层更加稳定，并购失败的概率也更低，这说明股东利益的高度一致，有利于企业建立长期竞争优势。

4.5.2　战略方向前瞻

两家企业在产品和销量方面基本相当，但是多年以后，一家企业规模扩大多倍，另一家企业还在原地踏步。究其原因，就在于管理层战略眼光的不同。有前瞻性的管理层，能准确判断行业发展趋势，及时调整战略，抓住新的增长机会；而目光短浅的管理层，往往错失良机，难以引领企业适应环境变化，实现突破。

在选股时，管理层的战略眼光和执行力同样值得考量。有前瞻性和决断力的管理团队，更有可能带领公司进入高速增长阶段，为股东创造超额收益。相比之下，短视和消极保守的管理层，难以帮助公司打开新的增长空间。长期来看，股东回报可能难以超越同行业平均水平。

战略眼光前瞻性强、响应市场变化迅速的上市公司，其未来净利润增速和股价上涨幅度，明显高于管理层眼光短浅的公司。这些公司的管理团队更有远见，能准确把握市场机会，不断开拓新的业务领域，保证企业的持续增长动力。

作为投资者，在研究一只股票时，管理层的战略眼光和决断力同样值得审慎评估。具有前瞻眼光的管理层，更有可能致力于推动公司的产业升级和业务转型，这有助于公司抓住行业发展机遇，获得更持久的竞争优势。这类公司的股价表现和盈利增速也更有可能持续领先于大市和同行业。

4.5.3　执行力强

两位企业老板都制订了很好的发展计划，但是实施效果却差异很大。原因就在于执行力的不同。执行力强的管理层，不仅能够制定正确的战略和方案，更重要的是具有强大的执行能力，能够精心组织和落实，加快战略实施速度，真正转化为现实的业绩。

在选股研究时，不仅要关注管理层的眼光与策略，更要重点考察他们的执行能力。制定了正确策略的管理团队，如果执行力不强，难以推动公司实际业绩的提升，股东利益也难以真正达到最大化。相比之下，执行力强的管理层，不仅更有可能实现战略目标，也更有可能带领公司的盈利水平和股价表现持续领先于同业。

管理层执行能力强的上市公司，未来的净利润增速和股价涨幅，明显高于管理层眼光与策略不错但执行力一般的公司。这说明，战略的制定虽然重要，但更重要的是如何组织团队，监督落实，把战略有效转化为实际业绩，管理层在这方面的作用至关重要。

执行力强的管理团队，更有可能将战略规划转化为实际行动，并最终实现公司业绩的持续提高。这有助于公司在激烈的市场竞争中获胜，为股东创造更高的投资回报。

4.5.4　诚实可靠

两家企业在产品和服务上都不错，但是之后发生问题时的处理方式却大相径庭。诚恳负责的企业会主动承认错误，并采取补救措施确保客户利益；而不诚信的企业可能会掩盖事实，甚至忽视客户权益，这必然会造成品牌和口碑的损害。

诚实可靠的管理团队，更有可能秉承"以诚待客，互惠互利"的理念，重视投资者利益和公司职责。他们会努力提高信息披露的透明度与准确性，避免损害投资者利益的行为，这有助于公司建立市场声誉和投资者信任，获得资本市场的支持，实现可持续增长。

相比之下，不诚信的管理层，可能通过虚假宣传或财务造假来获得短期利益，但必然会受到市场制裁，难以建立长期竞争优势。大量研究也显示，管理层诚信度高的公司，其未来股价涨幅和业绩增速明显高于不诚信的公司，这证明诚信是企业获得长期成功的必要条件，也是投资者判断企业价值的重要参考标准。

管理层的诚信与责任心，是企业健康发展和实现长期成功的基石。优秀的管理团队，必然在诚信、透明和社会责任方面表现突出。诚信与责任，有利于公司树立良好的品牌形象，这是企业获得强大竞争力和实现可持续增长的重要基础。对企业来说，诚信就是生命，这同样适用于衡量管理层与公司的重要标准。

4.5.5　稳　　定

一个企业的发展离不开稳定高效的管理团队。管理层频繁变动，不仅会影响公司战略的连续性和稳定性，也会破坏公司文化，消耗公司资源，增加运营成本，最终损害企业发展和盈利能力。

相比之下，管理层稳定的公司，更有利于持续推进正确的发展战略，建立高效的组织运作体系，形成独特的企业文化。管理团队的工作更加融洽，也更熟悉公司的运营情况和发展需要，这有利于公司实现可持续增长，创造更高的股东价值。

　　管理层稳定的公司，不仅更有利于制订和执行正确的长期计划，也更容易吸引和留住高素质的人才，为企业发展打下良好基础。

　　相应地，管理层频繁更换，不仅会使公司发展战略出现断崖，运营管理也必然受到影响，会严重削弱企业的竞争优势。新管理层上任后需要一定的磨合时间，而频繁更换又会造成人才流失，增加公司运营成本，难以保障企业健康发展。这也解释了为什么管理层稳定的公司，其盈利和股价表现通常更加突出。

　　管理层的稳定与否，直接决定了企业发展方向和战略的连续性，关系企业是否具备实现长期成功的基础。

第5章

估 值

◦────────────────────────────────────◦

我们希望像其他投资人一样拥有伟大的公司，但核心问题是合适的价格。我们也同样愿意在普通公司中寻找投资机会，尤其当我们认识到有因素会使得公司的业绩变得好于平均水平，但市场并未察觉时。后者获得的投资回报其实并不比好公司发展成为更好的公司带来的回报差。我们会尽一切努力理解公司在应对竞争威胁或保持定价能力方面的优势。如果该优势不明确，你必须非常小心对盈利能力和现金流给出的估值水平——文森特·塞莱基亚。

把握了企业的基本面拐点，还有一方面极其重要：估值。企业的估值，就是给企业打一个价格标签，判断企业价值高低的过程。作为投资者，估值技巧的熟练掌握，可以帮助我们识别和避开高估值的企业，选择合理估值的企业进行投资，这有助于投资成功率的提高和投资风险的降低。

只有以低于企业内在价值的价格买入，投资才具有安全边际，才能有较大的胜率。我们需要了解不同企业的估值方法，以便去掉那些高估值的拐点型企业，只买入低估值的拐点型企业。

估值方法一般分为相对估值法和绝对估值法两类。相对估值法是一种乘数法，简单易行，一般有市盈率模型、市净率模型、市销率模型、PEG 估值模型等。在相对估值中，股票的估值取决于市场对类似股票的定价。绝对估值法采用折现的方法，相对复杂，有自由现金流折现法和股利折现法，其中自由现金流折现法应用比较广泛。在绝对估值中，一只股票的内在价值是该企业在其生命周期内所产生的自由现金流总和。这些常用的估值方法有各自的优缺点和适用范围。所以，实际操作中需要结合行业、企业特点综合运用多种估值方法，进行交叉验证。

估值方法的选择要结合企业具体类型，主要包括两个维度：一是企业所处的生命周期阶段；二是企业所处行业特征（见下表）。

企业生命周期	企业特点	财务情况	估值方法
初创期	技术产品的转化能力较低、未来不确定性大且多处于大幅亏损状态	没有收入和利润，现金流主要依靠筹资活动	PS、市值法、实物期权法、历史交易法、可比交易法等
成长期	商业模式明确、技术和产品逐渐成熟	收入加速增长，由盈转亏，高速增长，经营现金流转正	PEG、PS、市研率、DCF 等
成熟期	确立了行业地位、盈利模式稳定、上下游市场渠道完善	收入和利润增长放缓，经营现金流为正	DCF、DDM、PE、PB、PS 等
衰退期	新产品和替代品出现，市场需求开始逐渐减少，产品的销售量开始下降	收入和利润下滑	PB、重置成本法

5.1 自由现金流折现

一只股票的内在价值就是该企业在其未来生命周期中所能产生的所有自由现金流的折现值。自由现金流是指公司通过经营活动，在扣除满足企业日常运营所需资金和长期资本支出后，能够分配给所有债务、权益所有者的全部现金。从财务上看，自由现金流等于公司的税后净营业利润（将公司不包括利息收支的营业利润扣除实付所得税税金之后的数额）加上折旧及摊销等非现金支出，再减去营运资本的追加和物业厂房设备及其他资产方面的投资。它是公司所产生的税后现金流量总额，可以提供给公司资本的所有供应者，包括债权人和股东。用公式表示为：

自由现金流 =（税后净营业利润 + 折旧及摊销）–

（资本支出 + 营运资本增加）

自由现金流也可以用上市公司的经营现金流净额扣除资本性支出来计算，即：

自由现金流 = 经营活动现金流净额 – 资本开支（购建固定资产、

无形资产和其他长期资产支付的现金）

因为未来钱的价值，不等于现在钱的价值。而估算未来钱的价值又存在不确定性，也就是未必真的会到手。所以，必须给企业未来可能赚到的钱打一个折扣，才能折算成今天的钱，这就是折现，也称贴现。

自由现金流折现估值方法的优点是可以反映公司内在价值的本质，缺点是计算方法较为复杂，贴现率等因素的主观假设对结果影响较大。

基于自由现金流的估值方法通常应用于盈利波动大，但自由现金流稳定、可预测高的企业，或高度关注现金创造能力的公司。此类企业未来现金流预测难度较小，自由现金流折现估值的可靠性较高。所以，这种方法更适合成长后期及成熟期的企业。但当企业缺乏可比公司或产品业务缺乏销售及利润数据时，相对估值法基本失效，绝对估值法成为唯一的可行方法。最典型的就是创新药企业，较为通用的估值方法是风险调整的现金流折现估值法。

5.2　市　盈　率

在各种相对估值法中，市盈率模型是最为常用的估值方法，因为相对净资产和营业收入，净利润可以直接反映公司为股东创造财富的能力，在盈利能力稳定的前提下最为简洁也最为精确。对于已进入稳定盈利阶段、未来业绩和盈利能力可预测性较高的科创企业，基于盈利的估值方法是评估企业价值的主流方法。市盈率本身也有自己的局限性，如市盈率很难评估由于周期性、公司处于困境或者处于生命早期而引起的每股收益率下降或为负值的企业。

市盈率计算公式：市盈率 = 总市值 ÷ 净利润 = 每股股价 ÷ 每股收益

市盈率的具体计算方法有很多种，主要是根据净利润的取值。

5.2.1　静态市盈率

静态市盈率考察的是过去一整年中公司实现的净利润总额。显然，这种市盈率指标的参考性不大。因为企业是在不断发展变化的，拿过去一年的净利润和市值之比来讨论公司估值是高是低，无异于刻舟求剑。投资最关键的是看企业未来前景。即使一家企业过去一年利润非常高，只要未来前景不佳，市场给的市盈率估值就会非常低。比如中远海控，公司 2021 年扣非净利润大增 829.58%，2022 前三季度增长 43.45%，但是静态市盈率只有 2.39 倍，就是因为市场预期航运价格未来会下滑，公司未来利润会暴跌（见下图）。

5.2.2　滚动市盈率

滚动市盈率（TTM 市盈率）考察了最近过去的四个季度中公司实现的净利润总额。滚动市盈率相对于静态市盈率更有参考价值，因为更贴近于公司最新的运营状况。但是也参考的是企业过去的业绩，依然会有误导性。比如在 2022 年 12 月，中远海控的滚动市盈率为 1.79 倍，看起来非常低，但无法反映公司未来的前景。

5.2.3　动态市盈率

动态市盈率根据目前已知的净利润总额来推算当年一整年的净利润总额。动态市盈率是有一个推算的过程，这个算法每一个数据源可能不尽相同，对其的考察比较依赖于算法的有效性和准确性。但是因为本身就是一个预测，所以，仅能作为一个辅助参考。

除了这三种常见的市盈率计算方式外，投资者也可以根据自己的投资理念和体系来构建不同的市盈率公式，如用公司过去三年的平均每股收益、过去五年的平均每股收益、未来三年的平均每股收益等。

在股票市场中，有些股票的市盈率高达几十倍甚至上百倍，如一些互联网和高科技企业。但有些市盈率仅有十几倍甚至几倍，如银行、地产类股票。这是否说明高市盈率企业被高估，低市盈率企业被低估呢？未必。市盈率更多体现了历史收益，而只有未来收益才能真正反映公司的成长预期。如果一家高科技公司未来五年业绩翻 10 倍，那么五年后的业绩相对于今天的市值来说，可能只有几倍市盈率；如果一家房地产公司未来五年业绩不断下滑，那么五年后的业绩相对于今天的市值来说，可能就高达几十倍市盈率。过去不能说明什么，只有未来才重要。毕竟，投资者投资一家企业，是希望分享其未来创造的收益，而不是瓜分其过去形成的资产和收益。

但是，市盈率指标依然有广阔的用途，用好了还是可以帮助投资者。

约翰·聂夫就经常用市盈率指标来筛选出那些可能被低估的股票。他会先深入研究企业基本面，确定一家公司在过去相当长的一段时间内所展现出来的正常盈利能力，然后根据这个每股收益来计算企业的市盈率。他认为，一只股票的市盈率低于市场平均值的 40% ~ 60% 时，才称得上是低市盈率。

如果市盈率为 10，这表明公司能维持当前的盈利水平，则 10 年后可以收回这笔投资。

如果市盈率为 20，则表明 20 年才能收回投资。

显然，市盈率低，对于投资人是好事。那么，市场中为什么会出现给人捡便宜的低市盈率股票呢？

大部分情况下，低市盈率股票对应着企业的低增长。

尤其是有些股票，基本面已经变坏，未来可能是负增长，这时的低市盈率就是典型的低估陷阱。因为未来盈利一旦大幅下降，市盈率马上会大幅提高，变的高估起来。

比如 A 股中市盈率低于 6 的企业中，大部分是银行股：光大银行、中国银行、浦发银行、中信银行，这些银行业绩增长非常缓慢，常年低于 5%。还有很多是房地产股票，比如金地集团、南京高科、金科股份、荣安地产、广宇发展、华夏幸福、荣盛发展、阳光城、绿地控股等，这些不少增长率其实还很不错，但为什么市盈率低呢？因为其运营杠杆高，政策上被打压，快速发展期已过，市场预期其未来的增长率会降低。

另外一部分则是基本面问题严重，未来能否存活都存疑。

只有少部分低市盈率企业，是由于被市场暂时误解或者无视，所以，投资者才能捡漏。

所以，低市盈率更多时候可以作为一个发现低估企业的线索，而不是一个可靠的估值指标。

在这些低市盈率企业中，需要仔细研究企业基本面，分清楚哪些是基本面有问题、夕阳行业，哪些是被市场"误杀"的。

先找到低市盈率股票，然后从中挑选出未来发展前景良好的企业，这才是关键。

由于这些低市盈率股票的市场预期很多，一旦业绩好转，就会迎来业绩和估值的双提升：戴维斯双击，从而给投资者带来可观的回报。

在约翰·聂夫看来，一只暂时不被看好的股票，市盈率从 8 倍提高到 11 倍，比起让一只 40 倍市盈率的成长股提到 55 倍，要容易得多，安全边际也更高。因为股票投资难免犯错，但是低市盈率股票看错时，下跌空间会比高市盈率的成长股低很多。

凭着投资低市盈率股票，约翰·聂夫管理的温莎基金从 1964 年到 1995 年，取得了 13.7% 年化回报率，平均每年都超出标普 3.5 个百分点，期间总投资回报高达 5 545.6%，而同期标普指数只有 2 229.7%。

5.3　市净率

市净率是从公司资产价值的角度去估计公司股票价格的基础，其直观含义即公司账面上的 1 元钱对应于股票价格中的多少钱。市净率主要适用于拥有大量固定资产且账面价值相对稳定的行业，如银行、房地产等，这些行业的净资产对企业生产经营意义重大。市净率也适用于盈利波动较大的周期性行业，因为每股净资产相对于每股盈利要稳定得多，市净率较市盈率能更稳定地反映估值水平的变化。周期性公司因为产品价格变动范围大，导致企业盈利极不稳定，在产品价格回升期，公司的盈利水平将会大幅提高，市盈率会很低，看起来很低估；但是当公司产品价格急剧下降时，企业将会出现严重亏损的局面，市盈率会非常高。而周期性企业的净资产则变化没有那么剧烈，因此，这类企业可以通过采用市净率来判断估值水平。对于轻资产、无形资产较多的行业，则不适合使用市净率，因为其生产经营对投入的有形资产依赖较小，对品牌价值、技术专利等无形资产依赖较大，但这些无形资产往往不会体现在净资产之中。

市净率计算公式：市净率 = 总市值 ÷ 净资产 = 每股股价 ÷ 每股净资产

在股票市场中，不同企业的市净率差别很大。不能笼统地说高市净率的股票就是高估的，低市净率的股票就是低估的。一般情况下，高市净率的企业通常属于新兴成长产业，企业发展的潜力大，如互联网、5G、半导体、生物科技、新材料、高端制造等；低市净率的行业一般竞争很激烈，市场已经非常成熟，利润率较低，如银行、钢铁、煤炭、造纸、路桥等。

市净率指标有很大的局限性。一方面，公司的净资产可能会被高估很多。比如很多企业有大额的应收账款和应收票据，如果这些应收账款的客户质量很差，大部分可能收不回来，未来就有可能会计提大额坏账，导致公司净资产突然大跌；另一方面，存货、无形资产、固定资产折旧、资产减值、研发资本化等诸多资产项目上，管理层都可以做出主观的会计处理，进行合法的会计操纵，导致净资产严重失真，那么市净率指标也就根本无法对于企业的估值情况做出贴切的说明。

和市盈率一样，虽然缺点很明显，但是市净率指标用好了依然可以为投资者赚大钱。

沃尔特·施洛斯就是用市净率指标的投资大师。沃尔特·施洛斯在有据可考的 47 年里（1956—2002），创造了 5 455 倍的收益率，年化约为 20%。同期标普 500 的收益率是 79 倍，年化约为 10%。

价值投资有很多派系。巴菲特开创的派系，如同华山派的气宗，很牛，但靠心法，要悟道，对于普通投资人来说，不好把握，需要很长时间的修炼。比如买优质股票，企业的价值在于未来现金流的总和。何为优质？未来现金流怎么预测？这些理念很简单朴实，但是实行起来，其实都非常难。所以，我们看到巴菲特的推崇者们，经常就同一只股票，得出完全相反的结论，然后争论不休。

还有另外一派，以格雷厄姆、施洛斯为代表，类似剑宗，更关注术的层面。

他们不看未来，只看现在；不看未来现金流，只看企业现在的资产。

他们的选股标准：即使现在这个企业破产清算了，能拿回的钱也高于当前的市值和股价。

因此，沃尔特·施洛斯同样强调安全边际，同样看企业价值，只不过看的是当前的价值，而不是未来的价值；是静态地看企业，不需要动态地看企业，花费大量时间去分析商业模式和竞争优势、护城河这些。

例如，巴菲特关注优质的成长股，是沙里淘金，对眼光要求很高。

施洛斯关注大幅下跌后还有价值的垃圾股或周期股，企业质地很一般，是垃圾堆里回收有价值的废纸废塑料。这个简单训练一下，人人都可学会。就像剑宗就教你一天，你也马上能要出不少漂亮招式。

施洛斯使用的净资产估值指标称为"营运资金"，计算公式为：

营运资金 = 流动资产 − 流动负债 − 长期负债

也就是流动资产减去企业的总负债。

然后计算一个指标：营运资金 ÷ 市值，如果大于 1，说明目前把企业的流动资产都变卖了，然后还掉各种债务，还能得到一笔钱。假设企业明天就破产，企业把容易变现的流动资产都还债后，还能剩下不少家底，这说明股票被严重低估。施洛斯会分散投资这类股票，然后等待估值回归。

市净率的详细计算公式为：

总市值÷净资产＝总市值÷（流动资产＋固定资产）−流动负债−长期负债

所以，施洛斯的估值指标就是市净率的变种，仅仅是去掉了固定资产这种难以变现的资产。当然，施洛斯对净资产的质量也会认真进行考察，比如容易掺水分的商誉、应收账款、无形资产等资产项目，从而避免净资产被人为虚增。

5.4 市 销 率

市销率是股票价格除以每股销售收入，主要用来评估已有销售收入但还未盈利的公司，适用于生命周期成长初期的公司。缺点在于无法反映企业的成本控制能力，也无法衡量未来可以给股东创造多少利润。

市销率计算公式：

市销率＝总市值÷营业收入＝股价÷每股营业收入

大部分科技企业刚上市时尚未实现盈利，市销率是较常使用的估值方法。以爱奇艺为例，公司未来几年都无法实现盈利，并且内容摊销的时间表难以预测，而收入反映了公司的付费用户规模、用户黏性等，是未来财务状况的核心指标，市场对爱奇艺的估值普遍采用市销率。京东上市以来多年未实现盈利，自由现金流波动大，因此市场也较多采用市销率对其估值。

对于铝塑膜、PI 膜等国产替代仍处于初级阶段的子行业，国内市场格局尚未形成，行业内企业产品较为低端导致难以形成稳定供货，仍需要投入大量的研发费用并且盈利难以保持稳定，也可以采用市销率方法进行估值。

对于碳纤维行业内多数暂未实现盈利或盈利情况波动较大的企业（多为研发高端碳纤维且暂难达到稳定质量，因此暂未实现批量供货的企业），其更加具备成长期企业的特征，可采用市销率方法进行估值。

云计算公司大多仍处于成长期，随着市场需求逐渐打开收入持续增长，但受高额研发投入影响，公司难以实现稳定盈利。以美国云计算巨头

Salesforce 为例，公司 2006—2018 年收入快速增长，但盈利能力并不稳定，公司市值与营业收入呈现较为明显的正相关性。从估值水平来看，公司市盈率波动较大缺乏参考价值，而市销率则基本处于 6 ~ 9 倍的区间。由此可见，对于云计算公司，市销率是更为适宜的估值方式。

5.5 市 研 率

目前，大量科技创新型企业上市，尤其是在科创板。这些高科技企业，很多规模较小，很多在亏损中，还有些连收入都还没有。这个时候常用的财务指标就不适合用了，比如市盈率或者各种收益率肯定都无法衡量这种科技创新的企业。一项科学研究，价值的释放可能是一段时间之后的事，如果研发成功，顺利地进行商业化，那么这项研究的价值就非常大。由于研发对于这类企业极其关键，所以，可以尝试用市研率来对这些初创期的高科技企业进行简略估值。2020 年 1 月，泽璟制药以 56.74 倍的市研率进行定价。2020 年 6 月，君实生物以 51.11 倍的市研率进行定价。2021 年 11 月，迪哲医药以 47.85 倍的市研率进行定价。2022 年 7 月，益方生物以 26.43 倍的市研率进行定价。

市研率计算公式为：

市研率 = 市值 ÷ 公司最近 12 个月的研发支出

美国投资家肯尼斯·费雪在著作《超级强势股》中提出用市研率进行衡量公司研发的市场价值。当市研率较低时，有可能说明这家公司正在开发很多新产品，是即将产生显著利益的成长股。当市研率过高时，有可能说明这家公司并没有投入足够的研发支出确保持续竞争力，以使得未来业绩更加亮眼。

结合 A 股来看，市研率只是成长股估值指标的重要补充，而非核心指标，过分追求精确的市研率是不对的。因为许多研发支出并未创造价值，研发资本化和费用化支出比例主观成分过高，都会导致市研率低，从而成为陷阱。

5.6　PEG

前面探讨了市盈率估值方法，其很大的缺陷就是忽视了企业的成长性。而 PEG 估值，就是刚好对此做出矫正，可以反映出市盈率相对于成长性的水平。

PEG 计算公式：

$$PEG = 市盈率 \div 每股收益增长率$$

PEG 是股票的市盈率除以特定时间段内每股收益增长率的比值。每股收益增长率可以使用公司当前的每股收益增长率，也可以预测企业未来几年每股收益的复合增长率，一般选取 3～5 年的，再多的话就很难预测准了。PEG 因为考虑了公司的预期收益增长，所以，比市盈率指标更全面一些，也可以优化对高市盈率企业的估值。

通常市盈率显示了根据股票过去或未来的收益，当前市场愿意为该股票支付的价格。高市盈率可能表明股票的价格相对于收益而言很高，可能被高估。相反，低市盈率表明股票可能被低估。但是，增长速度高于平均水平的公司通常也具有更高的市盈率。较高的市盈率表明，由于对未来的增长预期，投资者今天愿意支付更高的股价。所以，高市盈率并不一定意味着股票被高估。任何市盈率都需要在公司所在行业的整体背景下去考虑。

通常来说，PEG = 1 表明股票市值与其预期收益增长之间的理论平衡，表示公司估值是合理的。当一家公司的 PEG > 1 时，则该股票可能被高估。当一家公司的 PEG < 1 时，则可能被低估。

PEG 估值指标主要适用于成长性企业，不适用于成熟行业企业，以及亏损或业绩正在衰退的企业。有些高科技企业，市盈率几十倍，看起来估值比较高，但未来可以保持几十倍以上的复合增长率，那么 PEG 指标会低于 1，其实并不算高估。很多银行只有四五倍市盈率，但是未来三年的预期复合增长率在 5% 以下，那么 PEG 指标会大于 1，其实谈不上低估。

5.7 分部估值

分部估值法，又称为 STOP 估值法（sum of the part，STOP）。简单地说，分部估值法就是把公司的各个业务板块分别估值，然后加总。因为有很多企业实施多元化战略，业务线条有好几块，而且之间差异较大。比如，同时做饲料和光伏的通威股份，饲料业务和光伏业务风马牛不相及，饲料业务处于成熟期，而光伏业务处于成长期，不可能两块业务都按照同一个估值标准来估价。最好的方法就是给饲料板块一个合理的收益率估值，给光伏业务一个合理的 PEG 估值，分别算出这两块的市值，然后相加，就是公司的估值。

很多企业有核心的老业务，然后在孵化新业务，老业务呈现稳定线性增长，新业务则是指数级增长。老业务发展相对成熟，提供主要现金流的业务。传统老业务，主要是现金流业务，处于稳定增长状态，为创新"输血"；新兴业务，是公司研发大力投入的方向，未来新增长点所在，前景广阔，但是目前利润很低，或者还是在亏损状态。

相应的，两条完全不同的成长曲线，对应不同的估值方法。考虑老业务已处于较为稳定成长阶段，增长率可以预测，比较合适的估值方法为市盈率和 PEG。而考虑新业务后续可能的指数级别增长和当前的亏损，则可以用市销率估值。

当然，前提是公司的新老业务不存在严重"左右互搏"。分部估值法给予老业务估值是建立在这个前提下：老业务并未萎缩而是仍然保持微增或者稳定增长的态势，老业务和新业务互相不影响。有些企业的新业务，会侵蚀掉老业务，属于替代关系，新业务发展的越好，老业务萎缩得越厉害，这种情况就不适用于分部估值法。

例如，2018 年汇川技术的市盈率在 46 倍左右，市场普遍认为其估值水平过高。真的如此吗？

2017 年，汇川技术新能源汽车业务收入占总收入比重已达到 20%，并且公司规划未来新能源汽车业务将贡献营收的 50%。在这种情况下，对汇川技术估值最好的方法是采用分部估值法将其工业自动化业务和新能源业务进行拆分，并分别给予估值然后汇总。因为汇川技术在开展新能源汽车业务之后，其与原有工业自动化业务虽然均是建立在电力电子技术之上，但所属行业在市场规模、发展阶段、竞争格局等方面差异较大，对应可比公司也存在较大不同，因此对应估值水平应该分开计算。

首先，在市场规模及发展阶段角度，工业自动化作为高度成熟行业，已经进入稳定发展阶段。2017 年市场规模达到 1 657 亿元，预计未来将保持稳定的规模增速；相比之下，国内新能源汽车产业兴起也仅有十几年时间，目前整个产业链尚处摸索阶段，行业正处于由高速增长向稳定增长期过渡阶段。其次在竞争格局方面，工业自动化由于在技术壁垒、品牌壁垒及产品线完整等方面对公司要求较高，因此，目前行业竞争格局相对稳定，未来基本上仅存在现有公司之间相互竞争，新进入者存活概率较小；而新能源汽车由于整个产业发展时间短，行业竞争格局稳定性较差，一方面，在整车厂环节，存在较多互联网造车公司对原有生态体系的打破；另一方面，在电机电控环节，国内企业与外资传统优势品牌如大陆、博世、法雷奥等公司的大范围对抗尚未开始，因此，行业竞争格局存在较大变数。

其次，两业务的盈利能力差异较大。虽然新能源汽车业务在未来有望成为公司业绩增长的核心推动力，但是在当前时点仍是需要公司大量研发费用支撑的环节，与公司非常成熟的工业自动化业务相比，研发投入回报率相差较大。根据 2017 年年报数据，公司工业自动化及轨道交通牵引业务合计研发投入约为 2.95 亿元，而总收入达到 38.6 亿元，研发投入的投资回报率为 13 倍，而新能源汽车业务的研发投入在 2.95 亿元左右，总收入为 9.2 亿元，投资回报率仅为 3 倍。因此，基于两业务行业属性及盈利能力的不同，对汇川技术采用分部估值法计算其估值水平是较为合理的方法。对于工业自动化业务，由于其业务模式成熟、收入水平稳定，且具备较多可比公司，因此，采用可比公司估值法。选取与汇川产品相似且业务结构相近的英威腾、信捷电气、机器人、鸣志电器及弘讯科技作为可比公司，其 2018 年预计平均估值水平为 28 倍，并且给予汇川技术 15% 的估值溢价（因为汇川技术的业绩增长水平更高，所以，估值水平应该高一些），估值水平达到 32.2 倍，乘以 2018 年每股收益及总股本得到工业自动化业务对应市值为 514.5 亿元。对于新能源汽车业务而言，由于目前净利润为负，用市销率的方式进行计算。选取同样为新能源汽车电机电控第三方供应商的正海磁材、蓝海华腾、英搏尔、越博动力及麦格米特作为可比公司。预计公司 2018 年新能源汽车业务市销率水平在 4.66 左右，得到新能源汽车业务对应市值为 61.7 亿元。

最后，加总两部分业务市值可以得到公司总市值水平为 576.2 亿元，除以公司总股本得到预计股价为 34.6 元，预计每股收益为 0.81 元，对应合理市盈率水平在 43 倍。同时，截至 2018 年 7 月 10 日汇川实际市值水平为 507 亿元，与通过分部估值法计算得到的 2018 年市值水平基本相当。因此，2018 年汇川技术的估值水平并非如市场部分投资者认为的偏高，而是处于基本上能够反映公司内在价值（见下图）。现在，汇川技术的市值已达到 1 892 亿元。

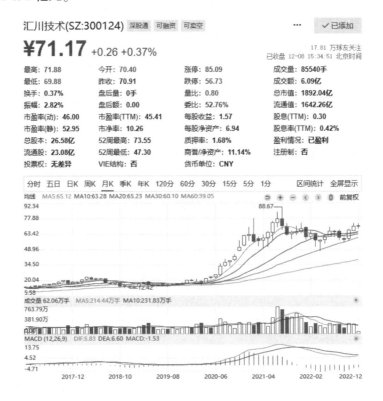

小结：我们不应该死守某一估值方法，而要根据行业周期、企业发展阶段等因素，灵活选择适用的主要估值方法，同时结合其他方法进行验证，这有助于投资者得到更加准确和全面的企业估值结果。准确的估值判断，不仅有利于筛选高质量的投资机会，也可以有效控制投资风险，帮助投资者获得更高的投资回报。

第 6 章

交易体系

搞清楚了企业的拐点特征和估值情况，下面就进入具体操作的环节了：如何选择拐点型股票、如何在多个拐点型股票中进行仓位配置、什么时候该卖出？这就是一个交易体系。

在股票投资中，交易体系是一套规范和流程，用于指导投资者如何进行买卖操作，以达到盈利目标。一个优秀的交易体系可以帮助投资者降低风险，实现稳定收益。拥有科学交易体系的投资者，长期收益率要高于随意买卖的投资者。

6.1　选股与买入

投资就像在大海中航行，而各个行业则是这片海洋上的众多岛屿。一个明智的航海家会在不同的岛屿之间探险，以降低因某个岛屿风险而遭受损失的可能性。同样，投资者需要将资金分散到不同的行业，以降低投资风险。例如，投资者可以将资金分配到消费品、科技、金融、医疗等多个行业。这样，即使某个行业受到不利影响，其他行业的表现可能会抵消损失。

选股策略是基本面拐点投资成功的关键之一。通过行业分散、寻求安全边际、提高胜率及筛选个股，投资者可以在股市中找到那些隐藏的宝藏。

6.1.1　行业配置

股票投资中的行业配置主要通过分析不同行业的发展前景和风险收益特征，选择具有较好增长机会的行业进行投资配置。好的行业配置策略可以避开行业周期性波动带来的风险，抓住行业增长机会获得超常收益。

生命周期理论认为，每个行业都会经历初创期、成长期、成熟期和衰退期四个阶段。初创期和成长期的行业增速较快，市场通常会给予更高的估值。因此，投资者应关注这两个阶段的行业，寻找龙头企业进行配置。如医美行业目前处于成长期，行业渗透率较低且增速较快，投资者应关注龙头企业的研发实力和新产品引入速度。

成熟期的行业增速较慢，但龙头企业通常具备较强的护城河和定价能力。投资者应关注其品牌溢价能力和盈利指标如 ROE 的提高。如白酒行业处于成熟期，投资者应选择品牌影响力大、ROE 较高的龙头企业。

行业配置也要考虑不同行业之间的关联性，选择不相关或低相关的行业可以降低整体投资组合的波动风险。如新能源汽车与原油价格呈负相关，医疗器械与宏观经济周期低相关。投资者可以选择这两类行业的优质个股进行配置，以期获得较稳定的收益。

长期数据显示，美股年化收益最高的三大行业为科技、医疗和消费。这些快速增长的行业主要处于生命周期的前两个阶段，市场给予较高估值与增长预期，投资者应持续关注。相比之下，公用事业和原材料等周期性行业表现较差。

行业配置的关键是抓住行业的发展机会与增长预期，选择生命周期处于上升阶段与低相关的优质行业与企业进行投资，这样可以获得超出市场平均水平的投资回报，同时控制组合波动风险，实现收益稳定增长。

6.1.2 个股筛选

如何选出处于基本面拐点初期的上市公司？

首先，根据自己的观察和经验，定义一些选股指标，比如在建工程增长率大于 50%、合同负债增长率大于 50%、新签订单金额增长率大于 50%等。

然后，在一些专业的股票数据库软件中获取数据，将数据导出成 Excel 表格。下面以东方财富 Choice 软件为例，说明其具体操作（见下图）。

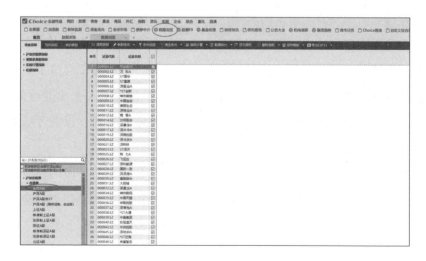

打开东方财富 Choice 金融终端，选择数据浏览→沪深京股票→市场类，然后在"全部 A 股"上双击，右侧显示出所有 A 股股票（见下图）。

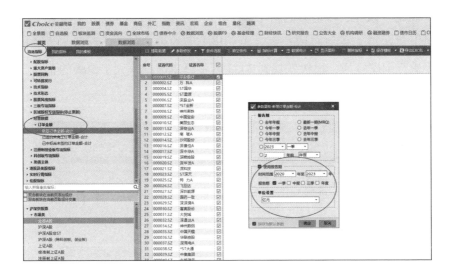

　　然后找到左上角的待选指标，依次选择经营数据—订单金额—新签订单金额，弹出一个面板，根据需求可以选择具体的时间范围，比如企业从2020 年一季度到 2023 年一季度的新签订单情况，单击"确定"按钮，即可了解所有企业的新签订单情况（见下图）。

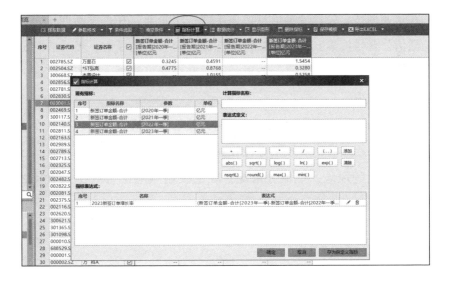

　　弹出"指标计算"对话框，在"计算指标名称"文本框中输入："2023新签订单增长率"，在"表达式定义"文本框中输入：（#4 – #3）/#3，单

击"确定"按钮，可以看到新增加了一个指标：2023新签订单增长率，然后单击"2023新签订单增长率"单元格上面的小三角，让数据按照增长率大小进行倒序排列，很快就找到2023新签订单增长率大于50%的企业：海南发展（见下图）。

序号	证券代码	证券名称		新签订单金额-合计 [报告期]2020年一… [单位]亿元	新签订单金额-合计 [报告期]2021年一… [单位]亿元	新签订单金额-合计 [报告期]2022年一… [单位]亿元	新签订单金额-合计 [报告期]2023年一… [单位]亿元	2023新签订单增长率
1	002163.SZ	海南发展	☑	6.8028	5.3171	5.1231	12.4095	1.4223
2	002811.SZ	郑中设计	☑	3.7617	5.0226	2.9747	2.5878	-0.1300
3	002469.SZ	三维化学	☑	0.2592	2.8167	1.9572	1.6806	-0.1413
4	003001.SZ	中岩大地	☑		2.6803	1.0928	0.6233	-0.4296
5	002620.SZ	瑞和股份	☑	5.4513		3.1686	1.7442	-0.4495
6	002140.SZ	东华科技	☑	21.8816	4.6499	33.4520	17.2459	-0.4845
7	002325.SZ	洪涛股份	☑	4.8466	11.5640	2.7380	1.1547	-0.5783
8	002856.SZ	美芝股份	☑		1.0883	1.8099	0.5143	-0.7158
9	688529.SH	豪森股份	☑	--	--	3.5471	--	-1.0000
10	301098.SZ	金埔园林	☑	--	--	1.2840	--	-1.0000
11	002789.SZ	建艺集团	☑	4.0349	9.8425	2.5085	--	-1.0000
12	002781.SZ	*ST奇信	☑	4.3249	1.4317	1.8323	--	-1.0000
13	002081.SZ	金 螳 螂	☑	60.4600	86.3200	71.6900	--	-1.0000
14	000010.SZ	美丽生态	☑	--	--	2.9668	--	-1.0000
15	873593.BJ	鼎智科技	☑					
16	873527.BJ	夜光明	☑					
17	873339.BJ	恒太照明	☑					
18	873305.BJ	九菱科技	☑					
19	873223.BJ	荣亿精密	☑					

初步选出这些股票后，可以快速地看一下企业基本面，比如经营范围、产品、员工人数、市值、现金流情况等。这些数据都可以通过Choice开始获取。觉得不错的股票，可以放入一个初筛股票池中。

在企业网站、公众号等信息渠道了解一下企业，在百度新闻资讯、搜狗的微信公众号搜索，对企业最新动态做一个大概地了解；然后看招股说明书和最近一个年度的年报。如果觉得哪些企业可能进入拐点，就放入重点研究股票池中。

进行个股的深度研究，找来所有的相关信息，进行调研。确认企业确实大概率存在拐点后，对股票进行收益风险比评估，不仅要看拐点，还要详细评估企业的风险、估值等情况，确定收益风险比大概在一个什么区间，然后选择收益风险比高的股票买入。

6.1.3　高收益风险比

股票投资风险和收益是密不可分的两个方面。许多刚入门的投资者过于关注股票的潜在收益，而忽略了投资所承担的风险。理性投资者在选择股票前，应同时平衡考虑收益与风险。

　　收益风险比是用来评估一只股票投资价值的重要指标。它是股票可能得到的最大收益与可能遭受的最大损失之间的比例。例如，某股票可能下跌 10%，但有可能上涨 100%。那么这只股票的收益风险比就是 100% 除以 10%，等于 10。收益风险比大于 1 的股票才值得考虑，比值越高，股票的投资吸引力就越大。

　　但是，投资者对收益风险比的判断并不总是准确的。作为投资者，我们并非全知全能，由于认知有限，难免会产生偏见与误导。投资者也无法完全了解一只股票及其投资风险。因此，收益风险比的准确性在很大程度上取决于投资者对股票基本面的分析与判断。如巴菲特，他对某只股票的风险评估可能比普通散户更为准确。投资者主观判断的收益风险比也可能存在较大偏差，甚至完全不准确。

　　所以，虽然收益风险比这个概念简单易懂，但要准确判断一只股票的收益风险比并不容易。投资者应首先深入客观地理解企业的基本面与生意，然后综合多方面因素再判断购买的决策。

　　世界在变，市场在变，企业也在变。即便投资者当时判断某只股票的收益风险比较高而买入，随后也可能遭遇较大损失。不过，如果投资者能持续按照收益风险比的原则选择股票，长期来看成功率还是比较高的。虽然某些股票可能小亏，但其他股票的大赚可以弥补损失。

　　收益风险比是判断股票投资价值的重要工具。理性投资者在选择股票前，应平衡考虑收益与风险，准确判断股票的收益风险比。这需要投资者有深入的股票研究与判断能力。尽管市场环境变化难以预料，但持续关注收益风险比的投资原则，可以在长期取得成功。

6.1.4　高胜率

　　股票投资的胜率是指投资者对某只股票价格走势预测正确的可能性，也就是该股票实际上涨达到预期涨幅的概率。高胜率的股票，投资者预测其价格上涨的准确性较高，实际涨幅达到或超过预期的可能性较大，这类股票的投资价值较高。

判断一只股票的胜率，首先需要分析行业属性及管理层素质。生命周期早期的高增长行业，由于市场空间大和不确定性高，其股票价格波动较大，胜率难以判断。相比之下，竞争稳定的成熟行业由于价格相对稳定，胜率判断较易。管理层是否实干与远见，也直接影响公司业绩与股价表现，从而决定股票投资的胜率。

其次，投资者应考虑自身对该公司的认知优势。信息公开透明的公司，投资者可以通过解读公开信息来判断其投资价值和胜率。信息不透明的公司，投资者主要依靠与管理层的沟通来了解公司情况，存在更大判断风险。投资者应追求认知优势而非信息优势，前者可以通过持续研究与积累获得，后者难以持续。

最后，投资者应明确该股票的预期收益率及其变化趋势。如果无法判断股票的预期收益率或其变化方向，这类股票的投资胜率难以确定，应避免投资。如某些概念或故事性很强的股票，其价格大涨后继续上涨的理由难以判断，投资者难以确定其投资胜率，应及时退出。

投资股票的目的在于获取回报，因此，预期回报率是一个重要的指标。当你无法清晰看到某只股票的预期回报率时，这说明胜率难以判断，最好避免投资这类股票。

6.1.5 安全边际

投资时应首先考虑安全边际。安全边际可以从以下两个方面理解：

第一，公司下跌的风险要明显小于上涨的机会。也就是说，投资者应避免那些负债率过高，股价只是看起来便宜的公司。

第二，安全边际可以来自多方面，比如公司盈利增长空间大、估值有提升空间，或者公司自身具备隐藏的成长选项。

所以，选择投资标的时，投资者要充分考虑其安全边际，确保下跌风险有限，而增长机会足够大。这是保护投资本金，获得长期稳定回报的关键。股票投资的安全边际是指股票价格与其内在价值之间的差额。内在价值是投资者根据公司基本面判断出的股票真实价值，安全边际是股票价格低于内在价值的幅度。安全边际越大，即买入价格越低，投资风险越小。

巴菲特提出，理想的投资是"在价格远低于内在价值的情况下买入优质资产"。他认为，安全边际可以为投资者提供保护，即使判断股票内在价值时有所偏差，较大的安全边际也可以避免资本损失。

例如，某上市公司 2018 年营业收入 100 亿元，净利润 20 亿元，拟年均增长 15%。投资者判断该公司内在价值为 100 亿元。但由于市场意外下跌，该公司股价跌至 50 亿元。那么，投资者以 50 亿元的价格买入，其安全边际为 100 亿元减 50 亿元，达到 50%。

即便实际上公司内在价值只有判断的 1/2，也就是 50 亿元，投资者买入价也仅为内在价值，不会存在资本损失。可以说，50% 的安全边际为投资者提供了一定的保护，降低了价格误判带来的风险。

安全边际高的股票，即使基本面与市场环境发生较大变化，股票价格也有一定的缓冲空间，投资风险较低。理性投资者应追求较高安全边际的股票，尤其是公司基本面优质且增长潜力大的股票。当市场意外下跌或个股遭遇不利事件时，较大的安全边际可以避免过度损失，保障投资资本的安全。

安全边际是衡量一只股票投资风险的重要指标。安全边际越大，投资风险越小。理性投资者应寻找内在价值被严重低估的股票，尤其是基本面良好的成长股，以追求较高的安全边际和较小的投资风险。

6.2　仓位管理

在股票投资的世界里，仓位管理是一项至关重要的技能。它是指投资者如何在不同股票之间分配资金，以便在追求收益的同时控制风险。投资本质上是概率游戏，核心不是对错，而是正确时仓位有多重，错误时仓位尽量轻。

6.2.1 集中还是分散

对于我们所采用的投资策略，不遵循标准化的分散投资信条。很多学者也许会说，集中投资的策略一定比一般投资者所采用的分散化策略风险更高。我们并不这样认为。我们相信，只要投资人在买进股票之前，能够加强对其业务的深入思考，并提高对其经济特性的了解程度，集中化投资策略的风险就能大幅降低——沃伦·巴菲特。

不确定性是股票本身的属性，我们在投资中无法消除不确定性，只能与之共舞。

为了应对投资中可能出现的不利因素、各种潜在风险，股票投资需要分散持仓，可以分散到三五个，也可以分散到几百几千个，类似指数基金。对于普通投资者来说，精力和时间有限，持仓数量应该控制在 10 个以内。

（1）那么，这几只股票，仓位是等比例持有，还是根据具体情况来调整？

等比例持有，比如 10 只股票，每只股票分配总资金的10%。每隔一段时间，比如半年，如果哪只股票上涨多了，导致其市值占比过高，比如超过20%仓位比例，可以进行建仓，恢复到10%仓位比例。这就是仓位的动态再平衡。

根据学者凯利的一项研究，收益最大化的方式还是根据持仓股票的确定性来进行分配。

其核心的理念：确定性高的股票，仓位比例高；确定性低的，仓位比例低。

这就是著名的凯利公式：$2 \times p - 1 = x$，p 为确定性，成功的概率；x 为持仓比例。

举个例子，如果一只股票，你认为其未来业绩增长具有高确定性，80%的概率会上涨，那么应该持仓多少呢？$2 \times 80\% - 1 = 0.6$，应该持仓60%。

如果有某项重大利好的消息，认为其上涨概率达到100%，那么持仓比例是 $2 \times 100\% - 1 = 1$，100%，全仓押注即可。

从这个公式也可看出，为什么高确定性的股票会享有高估值。因为很多投资者会配置更大的仓位，表明更多的资金买入，自然会推高股票价格和估值。

围绕着这个公式，有几个方面的问题：

概率是主观的，如何知道我们自己评估出来的概率没有错误？

一枚硬币，只要抛的次数足够多，不管谁来抛，最后向上的概率一定是50%。这是客观存在的。

但是一只股票，代表着企业所有权的凭证，企业是时刻变化的，投资者对企业的认知也是时刻变化的。

那么，这个概率很有可能是错的。

如果投资者根据这个主观概率来进行仓位配置，很有可能也是错的。

比如，投资者认为乐视网（SZ：300104）的确定性很高，可达到80%，实际上可能只有10%。如果据此配置了60%的仓位，结果是灾难性的。

怎么办呢？

首先，投资者要不断学习，提升自己的认知，从而能对企业做出更准确的判断，提高这个主观概率的准确性。比如，同一家企业，巴菲特的判断准确性也许可达到90%，普通基金经理在70%，普通投资者在50%。差别就在于巴菲特通过长期的研究和思考，不断提高了对企业商业模式、竞争优势等各方面的判断能力，从而可以做出更准确的仓位配置。

其次，给自己留有安全边际，千万别盲目自信，过度下注。投资首先是不能亏掉本金。保守起见，根据凯利公式，某只股票可以配置20%的仓位，我们只配置1/2：10%，这样就留出了一定的安全边际，降低了风险。当然，潜在收益也相应降低了。

（2）某只股票的主观概率是不断变动的。

抛硬币的客观概率固定不变，但评估股票的主观概率是不断变化的：

万科在王石任董事长时，和郁亮任董事长时，其确定性肯定是有变化的，但变化不大。恒瑞医药在 PD1 二期临床时的业绩确定性，和 PD1 正式获批上市时的确定性，是有较大差别的。

投资者需要及时追踪企业各种情况，对其进行仔细评判，调整概率，然后根据调整后的概率调整期其持仓比例。

（3）短期还是长期？

这个公式是否可以应用到短期的波段操作上？不可以。

因为凯利公式的一个前提是长期参与。

对于几天几个月的短期操作来说，凯利公式没什么意义。

（4）低概率的股票是否值得配置？

既然市场追捧高确定性股票，是不是配置高确定性股票一定有高收益率？只配置高确定性股票就好了？

上面的凯利公式是一个简化版，其实完整的凯利公式，还需要考虑一个变量——赔率：

$$f = \frac{b \times p - q}{b}$$

式中：f——单次下注占本金的比例；b——赔率；p——胜率，这次下注获胜的概率；q——败率，这次下注失败的概率。

以 2021 年 1 月的恒瑞医药为例，由于其具有优秀的管理团队，很强的销售能力，良好的创新药研发管线，未来增长的确定性是很高的。那么，现在投资的收益率就一定高吗？

2020 年第一季度，世界前 20 医药公司的市值排名中，强生是 3 457 亿美元，罗氏是 2 814 亿美元，辉瑞是 1 811 亿美元。

对比全球医药巨头，恒瑞医药当前总市值：5 942.73 亿元（人民币），在最乐观和理想的情况下，未来 10 年的收益率可达到 4 倍；但是投资不能基于乐观想象，比较乐观的是达到辉瑞市值，大概是 10 年 1 倍。对于大部分投资人来说，这个预期收益率较低，也就是赔率低，那么其实不值得配置高仓位。

如下图所示，2018 年挂牌新三板的泡泡玛特（OC：870578），10 亿元市值，2017 年的营业收入为 1.8 亿元，净利润为 824.94 万元。

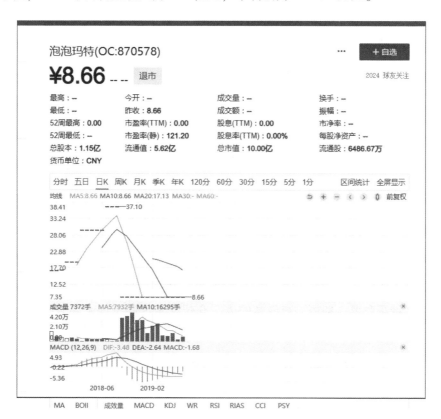

如果那个时候投资泡泡玛特（HK：09992），确定性是较低的，但是

赔率很高。按照现在泡泡玛特 1 140.48 亿元的市值计算，赔率高达 114 倍。如果 2018 年小仓位配置，风险和损失是有限的，但是由于具有高赔率，预期收益率依然不错。

考虑赔率，只有高确定性高赔率的股票才值得重仓。当然，这样的机会并不会很多，这样机会来临时必须牢牢把握住（见下表）。

赔　　率	概　　率	
	高	低
高	重仓	轻仓
低	轻仓	空仓

低概率但是高赔率的股票，依然值得参与，不过仓位要控制在较低的水平。

最极端的情况是彩票，中 500 万大奖的概率为 0.000 564，非常低，但是赔率非常高，是 250 万倍。根据凯利公式，仓位比例应该为 0.000 563 6。那些大量买彩票，期望一夜暴富的人，仓位配置太高，绝大部分都难以达到其预期。

仓位管理的核心就是捕捉到那些高赔率的拐点型企业，然后在其确定性不断提高的过程中，不断加大仓位，最终重仓高确定性高赔率的股票，获取超额收益。

6.2.2　组合构建

股票投资中，组合构建是非常重要的一部分。一个良好的投资组合，可以有效分散风险，获得稳定的投资回报。

要构建一个良好的投资组合。

首先，需要个股分散。也就是说，不要把所有的钱都投入一两只股票，要选择多只股票。每只股票都有其自身的风险，持有更多的股票可以降低单一股票带来的风险。当然，个股的数目也不能太多，太多的股票会导致难以管理和研究。对于个人投资者来说，5 ~ 10 只股票是一个比较适度的规模。

其次，要进行行业分散。避免某一个行业的股票过于集中，以免那个行业出现问题时，对投资组合产生较大影响。每个行业都有其周期性，当某个行业走弱时，其他行业的表现可能更好。适当分布在多个行业，可以应对各行业的周期变化，确保投资组合的稳定。一般来说，每个行业占投资组合的比重最好控制在 20% 内。

最后，还要考虑股票的流动性。流动性是指股票交易的容易程度，即股票买卖的难易程度。流动性好的股票，投资者在需要时可以更容易地买卖，从而降低犯错成本。流动性好的股票，可以快速买入和卖出，而且交易成本相对较低。当投资者需要调整投资组合时，流动性好的股票更容易交易。流动性差的股票，出手难度大，而且交易成本高。为了确保投资组合的灵活性，流动性也是需要考虑的一个因素。

一个良好的投资组合应该兼顾个股分散、行业分散和流动性等要素。通过适度分散风险，可以获得长期稳定的投资回报。

6.2.3　动态跟踪

我的投资体系强调三分选股，七分跟踪。一笔好的投资中，好行业和好公司贡献 30%，好阶段能贡献 70%。对于 10 倍股来说，选出来并不是关键，而是要仓位足够重，拿得足够长才有意义。对于 1～2、1～3 的早期大牛股，很难进行重仓。我们选择在比较清晰的 2～10、3～10 阶段重仓，依然能获得 3～5 倍的空间。这也是我强调的，跟踪比选股更重要。即便你能买在底部，但过早离场的话，收益率不见得比后面买入、跟踪强的人高。

股票投资成功的秘诀之一是掌握动态跟踪，即持续关注投资标的的最新情况，以便及时调整自己的投资策略。

动态跟踪股票，表明我们要紧紧抓住企业的脉搏，关注它的成长过程。如同医生为病人检查心跳，投资者也要时刻关注企业的生命力。在动态跟踪的过程中，要关注企业的财务数据、市场表现、竞争优势等各个方面，以便及时发现企业的优点和不足，并据此调整投资策略。

贝叶斯理论是一种有助于我们根据新信息修正观点的方法。在股票投资中，可通过不断获取新的信息来调整对企业价值的判断。当投资者第一次了解一家企业时，可能只能依据它的基本情况做出初步判断。但随着时间的推移，投资者会陆续了解该企业的更多信息，如它的市场地位、竞争环境、盈利能力等。这时可以将新的信息与原有观点相结合，根据新的证据来修正投资者对企业价值的看法。这样，投资决策就能更加接近真实情况，从而提高投资收益。

在股票投资的过程中，动态修正观点就像随风舞动的遮阳伞。当风向发生变化时，要及时调整遮阳伞的角度，以便顺利迎接新的挑战。同样，在投资过程中，需要根据新的信息来调整对企业的看法，以便在股市的风云变幻中保持稳健。

当然，动态修正观点并非一蹴而就，而是需要投资者在实践中不断积累经验。只有通过长时间的践行和观察，才能更好地把握投资的节奏，成为股市中的"舞者"。

6.2.4 风险控制

在股票投资中通常会面临多种风险，如系统性风险、买错了、买贵了等。系统性风险是指整个市场可能遭遇的风险，如金融危机、政策调整等；买错了是指我们误判了企业的基本面，购买了不良资产；买贵了则表明我们在股价过高时买入，增加了亏损的可能性。

为了控制投资风险减少可能的损失，可以采取以下几种策略。

（1）深入研究每一只持仓股票：投资前要对企业进行全面深入的了解，确保投资者选中的是健康发展的优秀企业。这样才能够在投资过程中持续评估这些企业的经营状态，及时调整投资策略。

（2）买入时有足够的安全边际：在选择投资标的时，要寻找那些估值低于内在价值的股票，以便在买入时拥有足够的安全边际。这样即便投资者的判断出现偏差，也能降低亏损的风险。

（3）构建一个弱相关性的组合：可通过多元化投资来降低风险，例如，选择不同行业、不同驱动因素的股票。这样即使某一部分投资出现问题，也不会对整个组合造成毁灭性打击。犯错时迅速减仓退出：一旦发现自己的投资判断出现错误，或者企业基本面出现恶化，投资者应当迅速调整仓位，及时止损，以降低亏损的风险。

（4）使用对冲工具：还可通过对冲工具来降低投资风险。例如，购买股票的同时购买股指期货，或者利用期权策略来对冲潜在的风险。

6.2.5　应对下跌

假如投资者精心挑选的股票，在买入后股价下跌了 20%，应该如何应对？下跌了 50%，应该如何应对？

首先投资者应该明白：市场是会大幅波动的，股票价格是会大幅波动的，即使企业基本面没有任何变化。所以，关键是搞清楚企业的基本面是否有变化？然后去理解股价为什么下跌？

如果没有任何变化，并且是越来越好，股价下跌的原因是行业下跌或者短期投资者悲观情绪导致，那么可以考虑加仓。毕竟，股票越来越便宜了，投资者应该买的更多才对。如果手头没有现金，可以评估持仓中所有股票的收益风险比，卖掉一些收益风险比低的股票，加仓一些由于股价下滑导致收益风险比升高的股票。

如果企业基本面确实在变糟糕，那就得卖出了。这时要忘记买入价，不管亏损多少，第一时间卖出，离场都是最正确的选择。

6.3　卖　　出

作为个人投资者，知道何时卖出股票是非常重要的。如果不能在适当的时候卖出，不仅可能失去已经获利的资金，还可能面临更大的资金损失。那么究竟什么时候应该考虑卖出股票呢？

6.3.1　基本面变差

企业基本面可能因多种原因而变差，常见的原因如下。

（1）技术巨变：在科技飞速发展的时代，新技术的突破性进步可能使原有的技术和产品迅速过时。对于那些无法跟上技术创新步伐的企业，它们的基本面自然会受到影响。

（2）市场竞争加剧：当市场竞争日益激烈，企业可能难以维持过去的市场份额和利润水平。在这种情况下，企业的基本面往往会受到严重影响。

（3）行业调整：市场需求和政策环境的变化可能导致行业的整体调整。在这种调整中，一些企业可能难以适应新的环境，从而导致基本面的恶化。

（4）内部管理问题：企业内部管理的失误或者领导层变动可能导致战略方向、组织结构和执行力的变化，从而影响企业的基本面。

企业基本面变差通常表现在以下几个方面：

第一，企业的业绩增长出现明显放缓或下滑，这通常表明企业的竞争力在下降，面临一定的困难。如果企业的销售收入、利润等主要财务指标增速大幅下滑，企业的发展势头可能会被打断，这时投资者应警惕企业基本面发生变化，考虑适当减仓。

第二，企业的产品或服务出现质量问题，无法满足客户需求，这会对企业的品牌和声誉造成损害，进而影响业务增长。如果投资者发现企业的产品或服务遭受客户检举或投诉，并出现退货或退订的情况，这通常预示着企业基本面出现问题，需要密切关注。

第三，企业的管理层频繁更替，特别是 CEO 的更替会给企业带来管理风险，影响企业未来发展方向。管理层的频繁流动会造成企业战略和运营的不确定性，这也是企业基本面发生变化的一个重要信号。

第四，企业的主要竞争对手出现变化，如有强劲对手的出现会对企业的市场份额和利润造成压力。如果发现企业面临更强劲的竞争对手，尤其是行业巨头的直接竞争，这意味着企业必须进行变革和调整来应对，基本面面临一定变化。

企业基本面出现变化的信号可能表现在财务指标下滑、产品服务问题、管理层变动和竞争环境变化等多个方面。投资者需要对企业进行全面跟踪，密切关注上述信号的变化。一旦发现企业基本面出现恶化，尤其多个方面同时出现问题，投资者应及时果断地卖出。

6.3.2 估值过高

估值过高说明股票的价格高于其实际价值。在这种情况下，投资者购买股票的价格相对较高，这说明他们需要承担更大的风险。同时，高估值也表明未来收益的不确定性。因此，估值过高会导致股票的风险收益比变低，让投资者面临更大的投资压力。

通常，股票估值容易在以下几种情况下过高。

（1）利好消息过多：当企业不断传来利好消息时，市场投资者会对这些企业寄予厚望，从而推高股票价格。然而，在这种情况下，股票估值可能因过分乐观而变得过高。

（2）市场热点涌现：在某些特定时期，市场上可能会出现投资热点，引发投资者的热捧。在这种情况下，相关行业或企业的股票估值可能因为短期热情而飙升至过高水平。

（3）投资者情绪影响：市场情绪是影响股票估值的重要因素。当市场投资者普遍乐观时，他们可能在不自觉中推高股票价格，从而导致股票估值过高。

那么，我们应该如何判断股票的估值是否过高呢？

（1）对比同行业公司：将目标公司的股票价格与同行业其他公司进行对比，有助于我们判断股票估值是否过高。如果目标公司的股票价格明显高于同行业其他公司，那么它的估值可能过高。

（2）观察历史估值水平：通过研究目标公司过去的股票价格和市场估值水平，可以了解到它的估值变化规律。若当前股票价格远高于过去的平均水平，那么估值可能过高。

（3）分析公司基本面：深入了解公司的业务状况、发展前景和盈利能力，有助于我们判断股票估值是否合理。如果公司的基本面无法支持现有的股票价格，那么估值很可能过高。

如果一只好股票，但是估值过高，透支了未来五年甚至更多的业绩，说明如果现在不卖出，未来很多年可能都没有什么收益。那么，为什么不现在卖出锁定收益呢？

6.3.3　有更好的投资对象

在投资的道路上，投资者的目标是实现财富的增值。为了达到这个目标，投资者需要在不同的投资标的中进行比较，发现更好的投资机会。多元比较可以让投资者更加了解市场的变化和趋势，从而找到更有潜力的投资标的。此外，多元比较还能帮助投资者调整投资策略，降低风险，使投资组合更加均衡。

如何判断一个投资标的比持仓标的更好呢？

（1）收益潜力：投资者比较不同投资标的的未来收益预期，可以帮助找到更具潜力的投资机会。如果一个投资标的的预期收益明显高于持仓标的，那么它可能是一个更好的选择。

（2）风险程度：投资者在追求收益的同时，不能忽视风险。将投资标的的风险程度进行比较，有助于投资者找到风险更低的投资机会。若新投资标的在预期收益相当的情况下，风险更低，那么它可能比持仓标的更好。

投资者通过持续地对比不同投资标的的风险收益比，可以寻找到更高收益比的股票，然后调仓买入，同时卖出持仓中收益风险比低的那些股票。

小结：虽然以上三种情况，投资者需要考虑作出卖出决策。但是最好的情况，就是投资者持有的优秀股票，具有合理的估值，持续不断地产生现金流，从而可以一直持有，不用卖出。

6.4 交易心理学

人并不是完全理性的，会有很多情感和情绪。投资者在股票交易中，会受到一些非理性的心理因素影响。只有深刻认识到这些心理因素，才能更好地去做投资，避免犯错误。

6.4.1 代表性偏差

代表性偏差是投资者常犯的错误之一。它是指人们基于过去的经验，或者过去的分类方式，形成了错误的规律，并据此对新信息做出误判。

人类的大脑会用"代表性"迅速地组织及处理大量信息，认为具有类似特质的事物就是相近的。代表性偏差是指投资人会以一般的刻板印象作为判断的基础。在股票市场中，代表性会使得投资人将好公司与好投资画上等号，认为投资那些获利能力强、高营收成长率及管理质量优良公司的股票，其价格上涨的幅度必会高于其他公司的股票，然而诸多实证结果显示事实未必如此。

大多数投资者股票市场上，会被一些代表性特征吸引，从而立即做出判断，最明显的就是线性外推。

比如，很多人看到一家公司连续三年利润高增长，然后立即对它的股票做出买入操作。"连续三年利润高增长"是一家好公司的代表性特征，但并不表明这家公司就是一家好公司，其中还有很多信息被忽略了。可能公司股权激励的股票即将解禁；或者高管近期需要减持股票，业绩可能是有意调整的；或者刺激公司增长的因素消失，如家电下乡的政策取消，新能源车补贴减少，主要产品没有进入基本医保目录、专利即将到期等。"连续三年利润高增长"并不能直接推导出良好业绩一定能持续。

比如能源行业，其实新能源和旧能源本身都有其内在的价值，新能源具有未来成长的高景气，旧能源具有稳定的回报和分红，决定新旧能源配置的权重并不全在于是否高景气，而在于目前的价格到底是选择未来的景气度还是选择稳稳地赚钱。同时，也需要考虑目前的经济周期影响，事实上每一轮经济周期总有类似之处，但也存在着不同，在不同的宏观环境下实际的方向可能也会有所变化，叠加投资者参与的规模变化，资本市场发展政策的进步，现实的投资决策往往需要更全面、更理性的研究判断。

6.4.2　过度反应

人们由于一系列的情绪与认知等心理因素，会在投资过程中表现出不断加强的投资心理，从而导致市场的过度反应。

投资者对于受损失的股票会变得越来越悲观，而对于获利的股票会变得越来越乐观，他们对于利好消息和利空消息都会表现出过度反应。当牛市来临时，股价会不断上涨，涨到让人不敢相信，远远超出上市公司的投资价值；而当熊市来临时，股价会不断下跌，也会跌到大家无法接受的程度。

人类非理性的情绪状态，以及由此产生的认知偏差。当市场持续上涨时，投资者倾向于越来越乐观。因为实际操作产生了盈利，这种成功的投资行为会增强其乐观的情绪状态，在信息加工上将造成选择性认知偏差，即投资者会对利好消息过于敏感，而对利空消息麻木。这种情绪和认知状态又会加强其行为上的买入操作，形成一种相互加强效应。当市场持续下跌时，情况刚好相反，投资者会越来越悲观。因为实际操作产生了亏损，这种失败的投资操作会加强其悲观情绪，同样也造成了选择性认知偏差，即投资者会对利空消息过于敏感，而对利好消息麻木。因此，市场也就形成了过度反应现象。

6.4.3　过度自信

心理学研究发现，人们很容易对自身知识和能力过分自信。如驾驶人自我评价驾驶技术时，大多认为自己"高于平均水平"。过度自信会让人高估自己的知识，低估风险，以及夸大控制事件的能力。

投资者和分析师在自己熟悉的领域也往往过分自信。然而，提高自信与成功投资之间并无直接关系。基金经理、股评家和投资者都倾向认为自己能战胜大盘，但事实往往并非如此。

传统金融理论认为人是风险规避的，但实际上人们往往倾向风险中性甚至风险追求。如很多人仍购买概率极小的彩票。这种行为反映出风险追求，其原因很可能是过度自信。

投资者的过度自信也会影响股票市场。当投资者过度自信时，交易频繁，市场交易量增加；也会导致对市场波动的错误判断，从而使股票价格偏离其实际价值。

6.4.4　心理账户

人们在消费决策时，把过去的投入和现在的付出加在一起作为总成本来衡量决策的后果。这种对金钱分门别类的分账管理和预算的心理过程就是"心理账户"的估价过程。

打个比方，一个白领可能会有三个心理账户：一个是"勤劳致富"账户，里面是辛苦劳动日积月累赚来的工资，"勤劳致富"账户里的钱会精打细算，谨慎支出；一个是"奖励"账户，里面是年终奖，会抱着更轻松的态度花掉；一个是"天上掉下的馅饼"账户，是买彩票中奖的钱，会随意挥霍。其实，不管钱是辛苦赚来的，还是走大运轻松赢来的，都是一样的钱，都是等价的，都应该根据个人的发展规划和家庭财务情况来仔细规划如何花钱。对于不同来源、不同时间和不同数额的收入，应该要一视同仁，作出一致决策，要保持理性消费，精明理财。

金钱本身不带标签，是我们人为地将其分类：容易的、意外的等。心理账户是人类固有的认知偏误，会将不同的钱自动分配到不同的心理账户中，进而作出相应的不理性决策。

人们在进行各个账户的心理运算时，普遍特点是并没有追求理性认知范畴中的"效用最大化"，而是追求情感层面上的"满意最大化"。所以，人们容易将抛售后的股票亏损和未抛售的股票亏损划入不同的心理账户中。很多人投资时会有一种不卖就是不亏的执念。感觉上，抛售之前是账面亏损，抛售之后才变成实际亏损。而在客观的时点上，二者没有实质差异。假如你的股票从盈利10%到亏损50%，就是亏损了60%，但是很多人不愿意割肉。因为在等待那个反弹的机会，而且对于他们来说只要没有卖出股票就不是亏损，账面的和实际的总是不一样的感觉。决定是否继续持有，跟亏损多少没有关系，跟它是否值这个价才有关系。

要做好投资，就要避免心理账户的干扰，不能追求心理上短暂的愉悦感，而应追求实际账户的总盈利。

6.4.5 损失回避

人们在面临获得时，往往小心翼翼，不愿冒风险；而在面对损失时，人人都变成了冒险家。人们对损失和获得的敏感程度是不同的，损失的痛苦要远远大于获得的快乐。人们对获得和损失的态度是不一样的，损失带来的影响是同样大小获得的2.5倍。对于绝大多数人，股票投资盈利时的快乐远远不及亏损时的痛苦。

所以，在投资盈利时，出于回避风险的考虑，人们更倾向于兑现已经获得的收益而卖出盈利的资产；在亏损时，因为不愿意承担确定的损失而继续持有亏损的资产。

这样的结果就是不断地拔掉鲜花、浇灌杂草，浮盈的好股票被卖光了，持仓中都是一些亏钱的差股票。

6.4.6 禀赋效应

禀赋效应是指当人们拥有某个物品时，会大大提高对其的评价。在股票投资中，人们一旦买入某只股票，很容易眼里全是这只股票的好，而选择性地忽视这只股票的不好。

当投资者长期持有过某只股票时，会投入许多精力和时间，在长久相处的过程中会对股票产生情感。当投资者要卖出某只长期持有过的股票时，就会想到持有这段时间的包括上涨、震荡和投资回报等，从而不舍得卖出。这种情感，会阻碍投资者对于股票的正确判断，会让投资者越发高估自己所持有的股票。

禀赋效应会阻碍投资者的理性判断。因为禀赋效应会让我们过于感性，对于自身持有的基金有过高的评价。最终，投资者可能会只选择听取与投资者认知相符的建议，不喜欢听与自己认知不符的建议，最终无法客观地看待持有的股票，从而可能导致巨大亏损。

禀赋效应还会影响投资者对业绩归因的判断。禀赋效应经常会让投资者将股票的上涨归因于自己的选择和投资能力，股票的下跌归因于市场的下跌。但是，实际上股票的上涨可能是因为运气，下跌可能是因为投资能力的不足，但是禀赋效应让投资者无法客观地进行判断。